神々様のみことばのなかで

霊界の真相と魂の行方

小林芳枝

2017年6月3日、赤城神社に出向いた際の、神々様のご降臨の様子。赤城の神様(左の球体)、すさのをの命様(下段手前)、大山の旺の神様(中央の紫)、有田の竜神様(赤城の神様の球体の上方)、宇宙大旺様(上段のオレンジ色)、さらに上に佛祖神様、天空神様ほか、神々様のエネルギー。

赤城神社にて神々様の集い。神々様のご降臨の際には、神のご加護として、下に写っている赤にグリーンの縄のバリアが必ず張られるのです。通常は写るものではないのですが、たまたま写ったもので、この写真を世に出すことはやっと許されたのです。

赤城山の竹林に女神様の集い(2013年7月)。佛祖神様(ブルー)、大山の旺の神様(上段・濃いブルー)ほか、神々様。この日の朝「神事の際に女神様が大勢でお前の元にご降臨されるのであるから、カメラを持ち、赤城山の粕川まで行かねばならない」と申され、この日、神々様より様々な技を頂けたのです。

2017年正月。いち早く、この私の元に女神様(佛祖神様)
のご降臨の様子。

2015年9月、土地・家の祓いの際の動画の一場面。

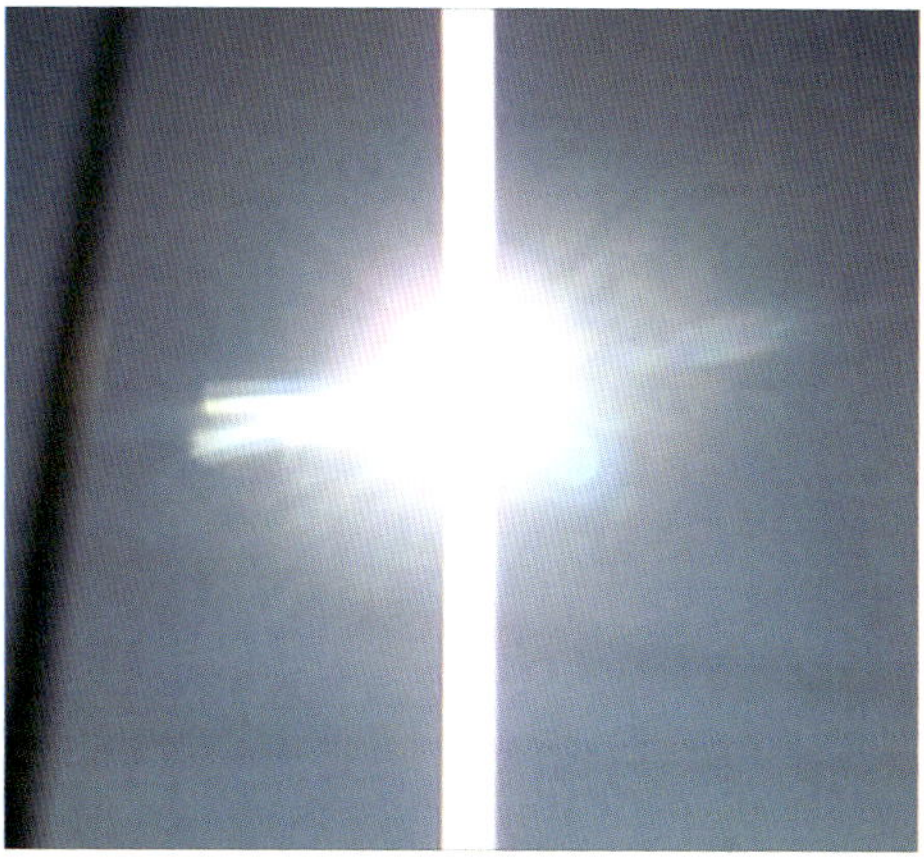

2017年2月3日・午前11時13分、新春の集いの際に。神々様が太陽の周りに集われ、下に白く写っている旺妃様とともに、私の所に一挙にご降臨されました。(山田章人氏撮影)

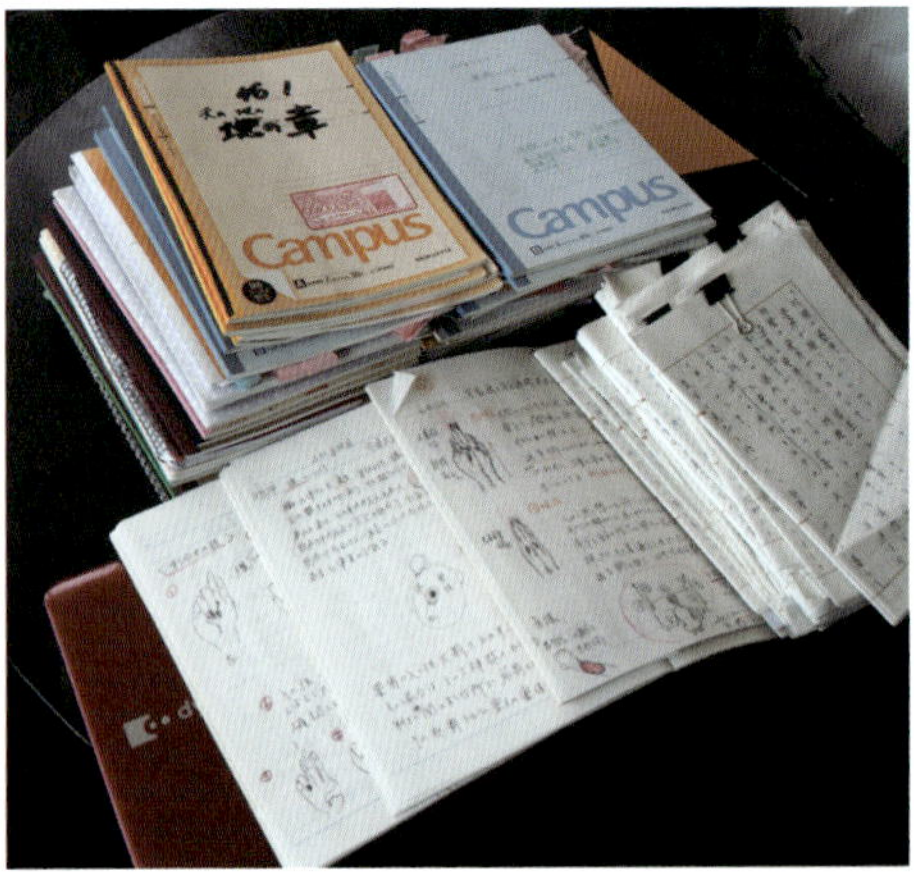

本を書くために使ったノート、
原稿用紙、パソコン。

華の花棒。神々様のご降臨の際に使用するもの。神々様により色・長さが異なり、55cm、35cm、21cm、18cmのものがある。

はじめに

この本を書く目的。それは、霊界への誘導などではなく、目に見えない世界の真実を知ることにより、人として生かされている現実を、より有意義に過ごすことが出来るのであれば良いという想いなのです。

この本は、心の奥底から思う想いとともに、実際に繰り広げられている向こうの世界のことを書いていきますので、本書を手にされた方はそっと胸の中央に当てられたら、きっと、暖かなエネルギーを感じ取られることと思うのです。

この本は、あなたのために、あなたの「魂」のために、また、すでに他界された親しい人々の「御霊（みたま）」のためにもなることと思い、心を込めて書き進めてまいります。

これから書く文章は、仏界の世界ではなく、神界の世界の中のことなのです。

自分が死んだらどうなってしまうのか？　何もなくなってしまうのか？　あの世が実際にあるのかどうか、目に見えない世界がいかに繰り広げられているのかは知る由もないことです。

今現在、人として生きている多くの方々は、自分の存在そのものを深く思うことがあるはずです。自分が生きている現実を、またその先に年老いていくことも、多くの人々が時には、不安に思うことではないかと思うのです。

肉体は必ず滅び「死」を迎えるという現実を避けることが出来ないなかで、死後の自分はいったいどのようなことになるのだろうか？　など、不安に思うことが年齢とともに深まるのではないかと思うのです。

ある人は、「何もなくなる。どうせ何もなくなってしまうのなら〝生きているうちが華〞だから、生きているうちになんでも好きなことをやってしまおう」などと思いがちなことは、ごく当然のことでもあると思うのです。

それは、誰しもがその先のことと、霊界の存在を知らないからなのです。

肉体の亡き後のその先のこと、肉体が滅びる瞬間から天からの迎えが来るまで、さらに、迎えの「神霊」とともに辿り着く霊界のその先の先に、自分の「魂」の生きる場所があるのです。

「向こうの世界」「あの世」「霊界」と言い方は色々ですが、誰しもが生まれた以上は必ず死の体験とともに、向こうの世界に行かねばならないのです。

そもそも、自分はどこの世界から生まれ、なぜこの場所に生まれたのか、生きているうちに何かをしなければならないことがあるのではないか、なぜこの両親の元に、この家に生まれたのか、自分の人生はこの先何があるのか、自分はいつまで生きられるのか、なぜこの苦労がついて廻るのか、などなど。

人は皆それぞれ、生き方に違いこそあっても、多少にかかわらず何かしらの「悩み」をもって生活しているものですが、その悩みを大きな悩みとして受け取る人もあれば、なんということはないと前向きに受け取れ、苦労を苦労としないで生きられる人もいるものです。それはいったいなぜなのか……、これらの疑問は、読み進めていくうちに理解出来るのではないかと思うのです。

人の目では見えない向こうの世界を、十分に理解出来るよう分かりやすく、私のつたない文章ですが心を込めて書き綴っていきます。

「向こうの世界」の存在の事実を、人として生きているうちに知らねばならないこと、と知っておいた方が良いことだけを書かせていただきます。

人として生きて行くなかでは、「神の世界」の中のことの詳細や、「霊界」の中の詳細も「神霊界」の中の詳細などの全てを知る必要はないことが多く、また、申してはならないことや書いてはならないことが数多くあるのです。

向こうの世界のことは、皆、霊界に帰れば一目瞭然に全て分かることなのです。

本書は全て、天の上の上の上のさらに上の「神そのものの世界」の神々様にお許しいただいたことであり、文章そのものも神々様から許された内容であることを予《あらかじ》め申しておきます。

神々様より許された理由は、人の「魂」が帰ってきたのちに、皆一様に人であった時の生き方に後悔の想いをしてしまう「御霊」や「霊体」が多く、「こちらの世界があることを分かっていたのであれば生き方が違っていた。なんと残念なことであるか」という想いをしてしまい、「なんともったいないことであったか」という想いでいることが多いからなのです。

私の場合、全ての「御霊」や「霊体」との会話を致し、また、神の想いや「みことば」を違えることなく、会話として成り立つのです。この、会話が成り立つ人間がいないのであるから、神の許した内容のみを書くことであるであろうから、と宇宙大旺様《うちゅうだいおうさま》が申され、さらに旺妃様や神々様の厳しい内容チェックの元に書き上げた条件付きの本となったのです。

この私の場合は、天のある場所から特別なある使命を持たされて生まれてしまったのです。

神々様との会話は、日常会話であり、会話であるために間違いはその場での訂正となるのです。

すでに霊界入りした「御霊」との会話、まだ帰っていない「魂」との会話、人の身体の中に宿された「人の魂」との会話をもこなしているのです。

そのようななかで、この本の中には、盛りだくさんの「神の世界の修練の結果」から分かり得たこと、知り得たことを掲載することが出来、人として生きて行くために「知っておかねばならないこと」を強く思い、その部分は度々重複するように書いてあります。

この本の中に、常々書かれている「あるのです」という言葉は、神の世界の中ではごく当たり前に使われている言葉なのであるのです。

神々様との会話の中では、この私の場合は、「〇〇〇であるので、あるので、あるので」

あるのです、という長い言葉を必要とし、『「あるので、あるので、あるので」あるのです』と三回繰り返すと、この私が申し上げているということが、向こうの世界では認識されているのですが、神々様のお許しを得ての文章として、この「あるのです」という三回の言葉は省略し「あるのです」の言葉を一回使うのであれば良いとのことであるのです。

人間界では、大変慣れない言葉でしょうが、この本は、人間界だけでなく向こうの世界（霊界）でも読まれ、私（小林芳枝）であることを認識出来ることであり「○○なのです」だけでは駄目なのであるのです。

この本を書き進めているうちに時々使うことでも良いとされた時には、「○○なのです」という表現でも良いとされたのです。

聞き慣れない言葉だ、と違和感を感じられる人もあるかと思うのですが、了承願います。

目次

「御霊」の世界

霊界には、限りがあるのです。国の上に霊界が広がり、さらに地上から上までは途轍もなく高く、多くの「御霊」の方々が暮らしている所なのです。

この地上から成層圏までの所に繰り広げられ、その国の上にその国の霊界が存在しているのです。

大気圏すれすれの場所には最高峰に昇られた神界10の神様（やをよろずの神様）の世界が存在し、さらにその上に天の大神様がおられ、下の世界を統括されておられるのです。

人間界の一日は霊界の三日とされ、霊界の一日の始まりは朝八時三十五分（人間界の七時三十五分）からで、人間界とはおよそ一時間のずれがあるのです。二日目は午後四時三十五分から、三日目は夜中の零時三十五分から始まるのです。この三日目が自由に動くことが許され、人間界の夜中にあたるのです。霊障のある人々が熟睡出来ないのは、このためです。

日本の国の霊界は十三のエリアに分かれており、北海道エリア・北東北エリア・南東北エリア・関東エリア・北陸エリア・中部エリア・近畿エリア・関西エリア・中国エリア・四国エリア・北九州エリア・南九州エリア・沖縄エリアと分かれ、それぞれのエリアを十三神の天の大神様が統括なされ、各エリアの「御霊」達は自由に超えることは出来ないのです。

特別にお役を持たれた「神霊」のみが天の大神様のお許しの元に訪問が叶うのです。

霊界は、霊界1から霊界5までの五段階に分かれ、さらに、「特殊な霊界」も存在しているのです。この「特殊な霊界」のことは、この後にある程度詳しくお話ししていきます。

その上には、神界である神霊界の世界が存在し、神霊界1から最高峰の神界10までの階層に分かれ、それぞれの「御霊」の方々がその階層の中で想いの精進を致しながら、自分のための生き方を致し、さらに上の階層への昇格を目指す「御霊」もあれば、その場所を自分の生きる唯一の所として暮らす「御霊」も多くいるのです。

さらに、「特殊な霊界」という世界を神々様の「みはからい（御計らい）」により創られ、その中での規律を守りながら暮らしている世界があるのです。

この「特殊な霊界」は北北東の彼方に存在し、五つの場所が設けられ、「御霊」の思う想いが強く、通常の霊界では全く生きる生き方が違う想いを持たれているために、自分の「御霊らしく生きたい」と願う想いが強く、そのような「御霊」の方々のためにこの「特殊な霊界」が設けられたのです。

ここでは、よほどのお許しがなければ暮らすことは出来ず、また、神々様のお許しと、その世界で暮らしている「長（おさ）の霊界人」の許しがなければその霊界へ入ることは許されず、そのために、その場所は決して侵してはならない場所として守られているのです。

このような「特殊な霊界」では様々な制約があり、その世界に入ったら生涯、出ることも、人として生まれ変わることも決して叶わず、昇進も全くないのです。

このことをも「御霊」は承知で、その世界へ入りたいと願い、許しを得たのちに、その暮らしとなるのです。

通常の霊界の場所から、下にさがる「地獄の世界」があり、「地獄の中底」までとその下の「地獄の大底」までと、「地獄の大底の底」と「地獄の命消界」と、地獄にはいくつもの場所があり、下までが途轍もなく深いのです。

この地獄の詳細もこの後、ある程度詳しく書かせていただきます。

「御霊」の習性

人には「心」と「頭脳」が備わっており、その頭脳の考える力と養った知恵があるのです。例えば、人を恨む想いや妬みの想いなど、良からぬ想いをしていたとしても、数日間あるいは数カ月間も経つと次第に薄らぎ、知恵や想いが働いて自分の良き想いにも変えることが出来るのですが、「御霊」となったらそのようなことが簡単にはいかないのです。

一度、思い込んだり、また強く思う想いが強ければ強いほど、その修正は困難極まりないのです。

「御霊」の世界は、思う想いの世界そのものなのです。人のように「心」や「考える頭脳」がないためであり、「心」のようなものを伴えるのは、高い位である神霊界の7以上になってから培えるのです。

そのために、「輩（やから）」化した「御霊」の集団に入ってしまった場合は、「輩」の想いに同化してしまうのです。

途轍もなく純粋な「御霊」もいるのであり、その「輩の集団」の中から助けてやらねばならない「御霊」も多いのです。

霊界・天体で生きる

神界（神霊界）では、宇宙神様《うちゅうしんさま》の元より「御霊」が生きるための大量のエネルギーが降り注いでいるのです。

「御霊」の方々は、このエネルギーにより生かされているのです。

ところが、低い所での霊界では、この宇宙エネルギーが全くと言ってよいほど届かないのです。

そのため、ある神により霊界の身体に吸収出来るエネルギーを与えられておられるのですが、そのエネルギーを受けると、霊界に住む「霊体」の身体の胸の部分が明るく薄橙色《うすだいだい》に染まるのです。

その神を思う想いを致し、さらに、感謝の想いをすると、その神の放つエネルギーを一層多く頂け、明るさが増して「霊体」とともに「御霊」そのものも元気になれるのです。

この神の放出されるエネルギーは、霊界だけでなく神霊界でも受け取れるのです。向こうの世界では、人間のように「食す」ということはないのですが、この有り難い神の放出されるエネルギーとほんの僅かな水分が必要なのです。たとえれば、「霊体」に霧が舞う程度と思われたら良いのです。

人の「魂」

自分の身体には、必ず自分自身の「魂」を宿しているのです。このことを、まず、最初に思わなければならないのです。

では、自分の「魂」はどこに存在しているのか?

人の身体の中には、「魂」の居場所が決められているのです。

母親のお腹の中にいる胎児が七ヵ月目を過ぎたのち、必ず生まれると確認後、「神そのものの世界」の神（二神）によって、天で手続きの済んだ「御霊」を「魂」に変えた後にその胎児に宿されるのです。

その場所は、身体の中央の胸骨の上から七番目まで下がり、その真横の骨を二センチほど移動して心臓側に寄った場所がそれぞれの「魂」の居場所とされているのです。指で、確認してみてください。感じる方、何も感じない方、それぞれだと思うのですが、その場所に自分の「魂」がいるのです。

時には、この「魂」を思う想いをされたら良いのです。

この「魂」は人で生きている間は沈黙しているように思われてしまっているのですが、常々自分の肉体に発信をしており、肉体の亡き後はこの「魂」こそが自分であり、その先を霊界の中で生き抜くのです。

●「魂」と「御霊」

霊界・天体の中で生きているのは「御霊」であり、その「御霊」を人として生まれさせるために、「魂」とするのです。

その「御霊」の大きさは〇・三ミリという、途轍もなく小さな「霊魂」なのですが、その「御霊の霊魂」は大きな「霊体」で守られているのです。この「霊体」は大切な「霊魂」を守る身体であり、暮らす階層によって大きさが異なるのです。

その「御霊」が人として生まれることを許されると、生まれる寸前にいろいろな手続きのなかで、「御霊」を「魂」に変えていただくのです。

人の「魂」の大きさは三センチとされ、その周りに「霊体」と「幽体」を畳み込むようにして胎児の所定の場所に宿されるのです。

当然のことながら、人の命が終わり、迎えの「御霊」とともに、天のある場所に帰った際に、人であった「魂」を「御霊」に変える手続きを取らねばならないのです。その際に、預けてあった霊界・天体での「記憶」を全て戻していただく「手続き」が行われ、そののちに、元いた場所へ戻り、霊界・神霊界での生活が始まるのです。

●霊能力・霊媒体質・神霊能力

それぞれの違いを、宇宙大旺様《うちゅうだいおうさま》（＝はちすの大旺様）の「みことば」として、ここで記すことと致します。

霊能力・・・自分の意志で「御霊」との意志の通い合いや「霊体」を見ることが出来、時には声などが聞こえてきたとしても、自らの意志でその波動を受けないようにすることが出来る。

低い霊界の世界からの誘いが多く、本来こちらの世界では人間界への関与は禁止とされている。そのために、神霊界からの関与はほとんどないのである。稀《まれ》に、先祖の「御霊」からの波動は時には許されているのである。

霊媒体質・・・自分の意志とは全く関係なく、声が聞こえてしまう、姿らしきものが見えてしまうなど、身体の不具合などを訴え、また、精神にも支障をきたしてしまうこととなる。

神霊能力・・・霊界よりさらに上の神霊界の「神霊」や、時には神（神界10）との波動を受け、その想いを受け取ることが出来るのであるが、想いを受けても、その想いのなかでのことのために、通常は正確なことではないことが多くあるのであるが、この能力を持つ者が数少ないのである。

また、その上の「神そのものの世界」との交信は、人として生きている者だけでなく神霊界の高い位の「神霊」でも神との想いを交わすことは困難に等しいのである。

相当に位の高い「御霊」（神霊界8以上）の「魂」でなければ出来ないのである。

と申され、この違いは記述せねばならないとのことであり、さらに、自分の過信は危険であることを知り得なければならない、とのことであります。

●人を惑わす悪霊の姿

次のページの図のように、「悪霊」であるのに、まるで神であるかの如く人の世に入り、神の進言であるなどと申してくる「悪御霊」も多くいるのであるのです。

この私の所に、少し大きめのエネルギーとともにこの私を惑わそうとして、あのような姿で現れたのです。申すことも、どこどこの明神《みょうじん》であると申し、側近である者たった一体を従えてやって来たのです。

この私には常々本物の「神そのものの世界」の神々様が「ご降臨」されておられ、それは身体が揺らぐほどの絶大なるエネルギーであることから、そのエネルギーの違いが分かるために惑わされることは全くなく見破ったのです。

少しは霊能力のある人であれば、その「悪霊」を「神」と信じてしまうのは当然のことと思うのです。私の場合は、実在される「もろもろの神々様」の「御姿（みすがた）」を時々確認しているために、その姿の違いで「偽神」は即、それと分かったの

八坂の神を名乗った悪霊

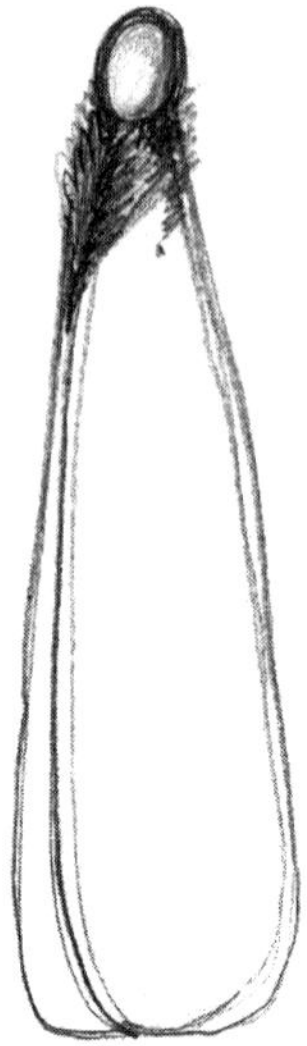

側近

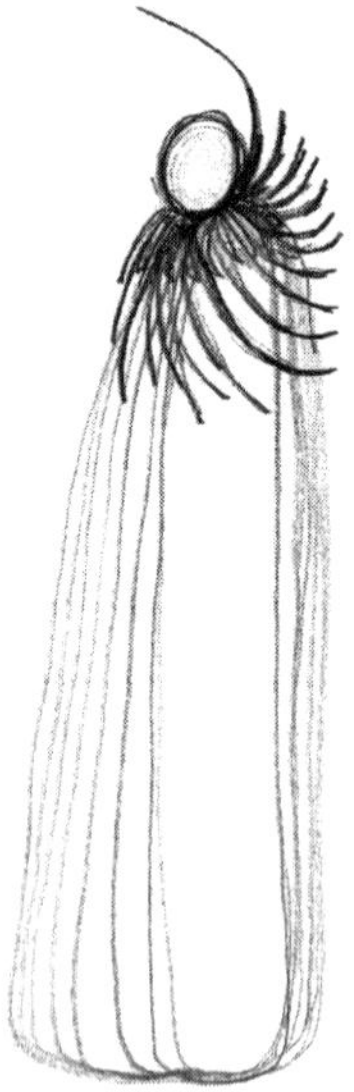

明神を名乗った悪霊

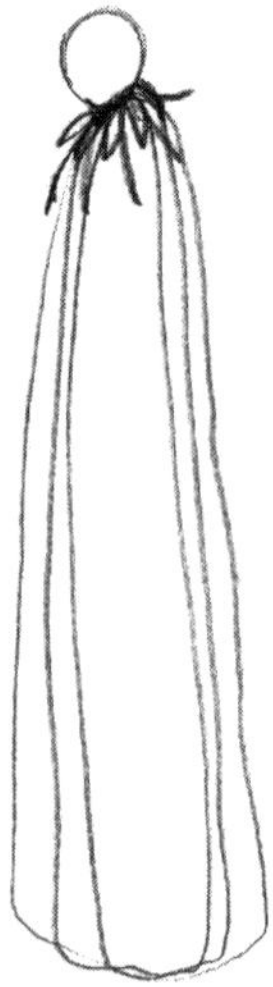

手下

です。側近の神界9の「御姿」も偽物であり、貧相な姿であったのです。

このように、人の世の中に霊能力があると思われると必ず一度は近寄ってくるのは、向こうの世界では分かりきっているのです。

「神が降りた」と思わせ、向こうの世界では、あの者を騙したのだからとうそぶく「輩《やから》」の集団が声高らかに自慢しているのです。

神界10の神の「もろもろの神々様の御姿」

「御霊の色」は白銀色の輝く色であり、時には花の香りが漂い、暖かな癒しのエネルギーをお持ちなのです。

「御姿」は、時には十三メートルとなられ、それより小さく（三メートル）なられて移動されるのですが、その大きさで下向《げこう》されるのです。

普段着のままの「御姿」と儀式の時の「御姿」があり、女神様も男神様も宇宙神様《うちゅうしんさま》から授かった勲章である大きな花弁の大輪の花の勲章を三個付けておられるのです。その時でも、大輪の花の勲章は三ヵ所付けられているのです。

神界10のもろもろの神々様（女神様）

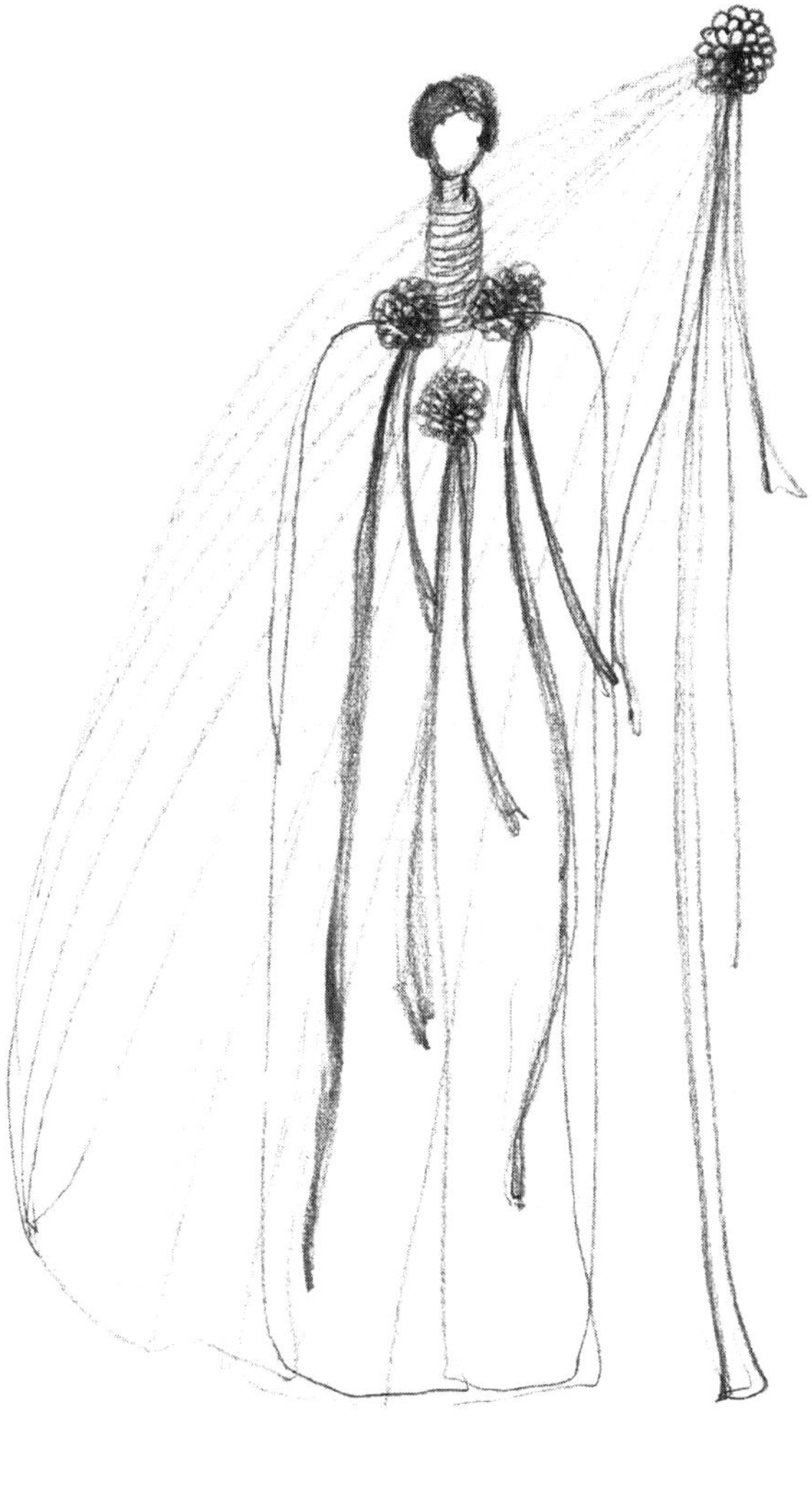

神界10のもろもろの神々様（男神様）

「神そのものの神様の御姿」

「神そのものの神様」は、絶大なるエネルギーを持たれ、球体で移動され、「ご降臨」後に「美しく雄大な御姿」になられ、暖かなエネルギーに満ち満ちているのであるのです。

男神様がこの私に「ご降臨」される時などは、大きなエネルギーのために、座っていても身体が揺れるほどの大きなエネルギーであり、身体が火照り、自分のエネルギーも増大するのです。

神そのものの神様（旺妃様）

人の「生命」

人の「生命」（寿命）は、予《あらかじ》め神の世界で決められており、自分の「魂」そのものは、そのことを承知で生まれてきているのです。天のある場所で、人として生まれることを許された際に、その寿命を決められ「いつ頃に、どこに生まれ、いつ帰る」という生涯の運命表のようなものを携えて生まれてくるのです。

本来であるならば、霊界や神霊界で暮らすことが主流であり、ほんの僅かな期間だけを人の世の中に生きることを許され、様々な手続きの元にこの地上に生まれさせていただいているのです。

天にいた時に、人として生まれたいと願う想いを許された「御霊」だけに多くの神々様や多くの高い位の「神霊」の「みはからい」があるのであり、決して勝手に生まれているのではないのです。

このくだりはこの後に、さらに詳しく書くことと致します。

肉体を終えて霊界への移行

人は、必ず誰でも絶対に避けることが出来ない「死」というこの瞬間を迎え、霊界へ帰らなければならないのです。人は生まれた瞬間から死に向かって生きていると言われることもありますが、全くその通りです。

若い時や身体が健康の時には、「自分は、まだまだ先のことだ！」と思う人、「そろそろ迎えが来てしまうのか！」とも思う人、「なかなか先祖の迎えが来ない!!」などと贅沢な言い方をしている人や、また、全く考えてもいない人、などなど。

誰しもが必ず迎える死の瞬間のそれぞれのケースのほんの数例を、「霊体」の承諾の元に、「霊体」の話をここで書かせていただきます。

●突然亡くなってしまった「御霊」の話

ある朝目が覚め、いつもの通り顔を洗おうとして洗面所に向かい、水道の蛇口をひねろうとしたら動かない。蛇口が回らないのです。

「あれ、どうしたんだろう」と思いはしましたが、「あっ、そうだ、新聞が届いているだろう」と思いました。その途端、いつの間にか新聞受けの所に立っていたのです。

「あれっ、玄関は閉まったままなのに……。あれ、今、洗面所にいたのに……」

不思議な思いをしながら、新聞を取ろうとしたのですが、新聞が掴めない！　と同時によくよく目を凝らしてみたところ、「玄関のドアの先の寝室に誰か人が寝ている。誰だろう？」と思った瞬間、「あら、この私の身体では!?　自分はここにいるのに！このベッドに寝ている人……。あれ、今立っているこの私と同じ……。パジャマも同じ……。どういうことだろう……。いったい自分は、ここにいるのに……。見渡しても、確かにこの私の住んでいる家だ。……テレビも、こたつも、布団も、サイドボードも、そのそばにある息子の位牌も確かにある……。自分の家だ、間違いない……。でも、なんだろう。全く同じ姿の私がまだ寝ている。……なんだろう。何があったのだろう」と、あれやこれや、戸惑い、しばらくは呆然として、「そうだ！　娘の所に電話しなければ」と思い、受話器を取ろうとしても、持てない。そのまま受話器がいつもの所にある。

「困った、困った。……いったいなんだろう!!　自分と同じ姿をしている人を起こさなければ」と何度も顔を覗き、手をかざしてみても、その肉体の中に手が入ってしまう。……怖くなって、ただ、ただ、隣の部屋に佇んでしまった。

その後は、数日経ったようなのですが、記憶はないのです。目覚めたような思いをしたら、外で何かザワザワと声がしたのに気付き、隣の家の人や、後ろの家の人と大家さんが玄関を開けて入ってきたのでした。

入ってきたのち、「あっ、死んでる!!」と大騒ぎとなり、そこで、初めて自分の命が亡くなってしまったことが分かったのです。

この方は「御霊」となってすでに神霊界の高い所に移行され、さらに上の階層へと昇られておられるのです。

突然の災害に遭ってしまい移行した「魂」

この突然の霊界移行してしまうという、地震や災害、火災、交通事故などでの霊界移行の際に自分の予期せぬことであるために、ほとんど全ての人は自分の「魂」は霊界移行の準備が全くないままの状態で移行となるために、「魂」そのものも慌ててしまうのです。

この「魂」の霊界移行のための準備のことは、後で許される範囲で書くことに致します。

関東大震災や東京大空襲、大火などで亡くなられたたいていの「魂」の方々は、未だにその時の苦しい想いなどが尾を引いていることが多々あり、その様子は手に取るように分かるのです。

関東大震災の時の東京の様子も「魂」の方々から聞き及び、その時の人間界の情景だけでなく、肉体を離れた「魂」の方々の様子や情景をも知り得たのです。

そのなかで、「魂」の方々の戸惑いの様子をここに少しだけ書くことを許されましたので、そのことと致します。

●「東京大空襲」で移行した、ある「魂」の話

「魂」ですので、まだ手続き前なので、本来の霊界に帰っていないのと同じなのです。

「自分が気が付いた時は、あたり一面に自分の姿と全く同じ形のものが、あちらこちらにあり、その数が増えたのです。

いったい何が起きたのか、なんのことなのか、不安と戸惑いがつのり、自分は自分、あの人もあの人なのに、自分と同じ身体をしている。（「幽体」から「霊体」に変わると、言ってみれば裸の身体なのです）

あそこにも、ここにも、全く自分と同じ、私は、わたしは、あの人と同じ身体。

あぁ、なんなんだろう。どういうことなのか。

不安と戸惑いでいっぱいとなり、そのような想いをしていたら、全く皆そのような想いの『魂』達でした。そのうちに、ようやく自分が死んでしまい、人間の時に言っていた『あの世』に来てしまったことが分かったのです。それ以来、戸惑いの想いで体が重く苦しいのです」

という話だったのです。

この方々は、亡くなった瞬間には「魂」そのものが気絶してしまったような状態であり、気が付いた時はすでに「幽体」から「霊体」に移行してしまった後だったために、見たこともない、知り得ない「霊体」の姿に驚いたのです。

「御霊」を守る「霊体」は向こうの世界では人の世の中の肉体に当たり、皆全く同じ「霊体」の姿をしているのです。そのことは、誰しも生きている時は全く分からない、知り得ないことなので戸惑うのは当然なのです。

肉体の亡き後は「思う想い」が主流となり、亡くなる寸前の想いがあまりにも辛く、あまりにも悲しく思う想いであった場合、またその想いが強く残ってしまった場合は、その想いが延々と数百年も経った今現在までも残り、解消しない限り続いてしまうのです。時にはその場で立ちすくんだり、うずくまってしまって動けないでいる「魂」もおり、人間界では「地縛霊」という言い方をしているのが、このような「魂」なのです。

「御霊の色」も暗く「御霊の形」もゆがみ、エネルギーも落ちて変わってしまうために浮上出来ずにいるのです。

肉体の亡き後には痛みや苦しみなどはないはずなのに、想いが強い場合は、その想いが解消しない限り、安らぎはないのです。

自分の家族や、友人などを送る際には「良い所に行ってくださいね」とか「成仏してください」だけでなく、そのことを思う想いを強くして一言声をかけるような想いをしていただきたいのです。想いは全て伝わります。

「痛みは、肉体がないのだからもう痛くないね。痛くないでしょう！　良かったね」など、こういう強い「想いの声掛け」は絶対に必要なのです。

肉体が終わり（死）、そののちは、「幽体」となり、この「幽体」はおよそ七日間の間に徐々に薄くなり、そののち「霊体」に変わり、天からの迎えを待つのです。

この場合、「幽体」の四次元の世界から「霊体」の五次元の世界への移行となるのですが、この五次元では、同じ「霊体」の身体が辺り一面にあったというのはこのことなのです。五次元の世界へと自動的に移行となったのです。

幽体

「幽体」は、息を引き取った時の服装のままの姿であり、そのなかにはパジャマ姿であったり、作業着のままであったり、と息を引き取った姿のままの人の身体と同じ状態の「幽体」であるのです。

その姿のままで、四次元の世界への移行となるのですが、もちろん葬儀の際にもそのままの姿なのであるのです。

そのためにその四次元の世界では、「幽体」はまちまちの姿をしているのです。

この「幽体」は、人の目でも見ることが出来ることもあるのです。


先ほどの「魂」は、突然の移行となり記憶をなくしたような状態で四次元の世界から、突然に五次元の世界へと移行となったために「素の霊体」となってしまったのですから、皆同じ姿であり、全く見たこともない姿に驚いたのです。

通常は、「幽体」は徐々に薄くなり七日間で「素の霊体」に変わるのです。

着替えが出来るのは、五次元に移行後に「素の霊体」の上に服を着ることになる時なのです。

棺に入れられた服を着用するのですが、全く服がない場合はこの「素の霊体」のまま五次元の世界で迎えを待つことになるのです。

また、この世界では帰れないでいる「魂」や帰らないでいる「魂」も多くいるのであり、いずれ帰らなければならないとの想いはあるそうです。

長いこと五次元の世界や霊界の世界にいる「御霊」の方々の場合は、服や物を自らのエネルギーでそれなりに造られるのですが、まだ移行したばかりの「魂」では、その想いが浅く、迎えまではその「素の霊体」のままとなってしまうのです。

この「霊体」になると、人の目では全く見ることが出来ないのです。

不安に思う「霊体」達は、四十九日の迎えが来なかったり、迎えが来ても帰らなかったり、自分の居場所が分からず自分の家が見つけられず、帰る家が分からないなど不安に満ちてしまった「魂」達なのです。

この「霊体」で暮らす世界を、五次元の世界（地の世界）という言い方をしているのですが、この五次元の世界については、後記致します。

●病院のベッドの上で医師の診断の元での移行

この場合、ほとんどの人は家族や親戚・友人など親しい人達の見守るなかで息を引き取るという恵まれた肉体離脱が行われ、その瞬間のことを（多くの人々がこのケースのようですが）私の所に縁をした人々は、多くの方々が肉体を離れたその直後に挨拶に来るのです。

その時に想いを伝えてこられるのですが、一例を故人の了解の元に書かせていただきます。

「うとうとと、うとうとと、眠るような状態であった時にあなたのこと（この私のこと）を思う想いのなかでおりました。その時に、あっ、確かあの小林先生の声ではないかと思ったのです。その瞬間に、上の方から天の使いが降りてきたのです。

この度の、『お前さんの寿命があと数日であるのであるが、その準備を致さねばならないのである』という『みことば』を頂きましたところ、急に我に返り、その瞬間から、途轍もなく息苦しく、呼吸困難の状態に陥り、周りの家族の声も全て分かっていたのですが答えるどころではなかったのです。ですが、全ての人の心の中の想いは伝わってきたのです。

その後、いつの間にか自分と同じ寝巻姿の自分が頭の上の少し間をあいた所にいたのです。

いったいこれは、……何が起きたのだろうか？自分は、ここにいるのに？医師が自分の身体のあちらこちらに触り、瞳孔の開いたのを確認致し、私がいるにもかかわらず、死を告げていたのでした。

その後、身内のそばに寄り、次々と声をかけたところ、全く分かってもらえず、ところが不思議なことに身内の全ての思う想いが手に取るように伝わってきたのです。

なんと、なんと、今まであれほど愛想よくこの私の前で振舞っていたあの子がなんと、悲しむのではなく私の財産の行方といくら現金を残したのか……など。

かと思えば妻はこれから先の自分の行く末を思い、娘はただ悲しんで泣いているだけ。また、私の息子は『この親父は、散々好き勝手に生きたのだからもうこれで十分だな』などと。〝何が十分なのだ‼　この親がどれほど苦労して働き抜いたか、そのお蔭で今のお前達がいるのではないのか！〟と思い、一発頭をぶん殴ってやろうとして、こぶしを上げて叩いてみたら、頭をすり抜けてしまったのです。

思わず自分の手を見ても、腕も、握りこぶしもある。ある。あるのに、どうしたことか‼　〝あっ、この嫁、何を、何をなんということを思うのか〟と思い、今度は、すねを蹴飛ばしてやろうとしたら、やっぱりすり抜けてしまったのです。

今になって思えば、ごく当たり前のことなのですが、あの時は、このようにこちらの世界があることすら、考えたこともなかったのですから分かるはずがないのです。

心底思う想いで、この私のことを思い、悲しんでくれていた娘のそばに近寄り頭を撫でてみたのです。そのうち、私の遺体は霊柩車で家へと向かったのですが遺体の頭の脇の所でただ、呆然としておりました」

ということでした。

人は、相手に対しても口に出さなければ腹の底、心の奥底で何を思おうと全く知られることはないのですが、肉体を離れた「幽体」や、「霊体」の方々には思う想いは即、伝わってしまうのです。ましてや、神様に対してであるならば、思う想いだけでなく、生きてきた生涯のことも一瞬のうちに具《つぶさ》に分かってしまうのです。

●戦いなど一度に大勢の方々が同時に移行した場合

どこの国でも歴史が続いている限り、戦《いくさ》は避けられずに来たものです。

ここでは二例だけを書くことと致します。

関東大震災や東京大空襲で命を亡くしてしまった方々との交流を少しだけお許しがありました。このお許しは、地上にいてまだ帰っていない「霊体」の方々と神々様のお許しの元に書くことが出来るのです。

この地上には、人間の生活だけでなく次元が違う世界で、まだまだこのように苦しんでいる「御霊」が大勢いるという現実を知っておいても良いのではないかと思うのです。

誰しもが、(自分自身) 必ず天寿を全うして霊界への移行であると、漠然とながら思ってしまっているのではないかと思うのです。しかし、先の先の、そのまた先のことは神様以外には全く分からないのが当たり前のことなのです。

霊界移行の瞬間と、彷徨《さまよ》ってしまう「魂」は、他人事ではなく自分に置き換えてみたら途轍もなく辛いこととなってしまうのです。自分達は、決してこのようなことがないとは言い切れず、少し耳を傾けても良いのではないかと思うのです。

私達の現在暮らしている平和も、現在先進国の日本の中で生きていられるのも、大勢の先立たれた方々（「御霊」や「霊体」）のお蔭で、今があるのです。


時々、東京や地方にも出向くことがあり、常々どこに行ってもその所の霊界への想いを馳せた瞬間に、霊界人や「御霊」の方々の想いに触れ、その会話となるのですが、その際にその土地の歴史や出来事などを教えていただいたり、また苦しみあえぎ傷ついた「御霊」達との触れ合いがあるのです。

東京大空襲の際に炎の中を逃げ回り、あまりの熱さに川に飛び込んで大勢の人々が命を亡くしてしまったのでした。まだまだ、その近くでは熱い思いと痛い思いと苦しい思いとで来る日も来る日も延々とその想いが消えず、また、ある幼い女の子は、「脚がない、片脚がない」と言ってきたのです。

神の世界の修練のなかで培った癒しのエネルギーと傷を治すエネルギーを使い、そのエネルギーと想いの言葉でその子の苦しみを解消したのです。


戦いに明け暮れた戦国時代に、すでに数百年も過ぎてしまった今の時代になっても主君のために戦い続けた忠義心を未だに思い続け「体が動かねい、面目ない、面目ない、合わせる顔がない」など、傷の痛みだけでなく想いの痛みを抱え続け、毎日毎日そのことだけを思う想いでこの「五次元の地の世界」で帰らないまま暮らすこととなってしまっている霊界人も数多くいるのです。

私の住んでいるこの田舎でも、歴史に残らなかった戦《いくさ》があり、小競り合いから国境を越えた戦となり、その戦が三十年も続いたという霊界人達の無念な想いに時々触れるのです。その時代が過ぎた今でも、未だに戦いをしている地域があり、山間の田んぼの中の一面で繰り広げられているのです。

ある一定の時刻になると（これには、意味があるのですが）皆こぞって集まり、当時の戦が延々と続けられているのです。大きな、雄叫びのような声を上げ、口上を述べた後から一斉に戦いを始めるのです。その時刻は、決まり事のなかで行われているのです。

この場合は、向こうの世界での許しの元にこのようであるならばと、もろもろの神々様の「みはからい」によりその戦いを許されているとのことなのです。

その周辺では、足がない、苦しい、痛い、喉が渇いた、水が欲しいなど、すでに肉体がなくても一瞬のうちに命を亡くしてしまった場合は特に、その時の想いが強ければ強いほど、その時の想いが残ってしまうのです。よほどのことがない限りその想いの解消は無理なのです。

どのように思うか、どのようなことなのであるか、思う想いの思い方が全ての解消となるのですが、その「御霊」が納得をしない限りは無理なことなのです。

このような霊界人達を救う場合は、心の底から想いを持ち、肉体のない状況では痛みがないことを説明説得と致さねばならず、ただ言葉だけでは無理なのです。

ある場所で、火傷を負ってしまった「御霊」の方々のために、その解消を一気に解いた時のことですが、その時とっさに思い立ったのが「氷」でした。

女の子の「御霊」に
「ね！　氷って分かる？」

「氷？？」

「ほら、このような物。（と言いながら想念で造り）冷たいのよ、ほらこんなに、ねっ。これ、体いっぱいあげるね！　ほら、どう？　熱くないね！　熱くないでしょう!!」

「あっ、ホント熱くないみたい」

「えっ？　熱くないじゃない、冷たくて気持ち良いでしょう!!」

「あっ、あれ、あれ、熱くないよ、痛くないよ、あっ、治ってる」

このような時には、神様にお伺いを立ててお許しを頂いてから行うのです。

また、大勢の「御霊」の方々のために川上から湾岸沿いにかけて「氷」一杯に埋め尽くし、神々様から大量の癒しのエネルギーを頂き、その「御霊」の方々のいる場所に下され、その熱さを思う想いを取り除いたのです。

このように「御霊」の思う想いで長年の苦しみや痛みを様々な方法で取り除くことを致し、平穏な想いに変えることに致すのですが、これが人間界の言う「成仏」に繋がることなのです。

人の思う想いは、霊界人や「御霊」の想いとは全く違うものではないのです。想いを深く思うのであれば通じるものなのです。

●天寿全うの自然死

今の時代はほとんどの人々が最後は、病院のベッドで医師の診断の元に、また家族に看取られて最後の時を迎えることが多いのですが、肉体から離れた直後は皆、自分の肉体を見ている状態であり、その自分の姿は、臨終の際の服装のままなのです。パジャマ姿であったり、勤務先の仕事着であったり、畑仕事の野良着姿であったり、スーツ姿であったりと、様々なのです。

肉体から離れた瞬間に、全く同じ姿の自分を見ているために、「自分はここにいるのに」という思いで戸惑っていることがほとんどなのです。

肉体を離脱する瞬間は、皆まちまちなのですが、暗いトンネルを抜けた・綺麗な花畑に吸い込まれた瞬間に苦しかったのが急に安らかになった・自分の先祖の方と手を繋いだ、などなど、人によりその最後の移行の想いの違いは「魂」そのものの想いがこの情景に大きく左右されるとのことなのです。

肉体を終えた後、この私に縁した人々が何人もお礼の想いを告げてくるのです。時折行う神霊治療の関わりのなかで、神に縁したことや私の言っていたことが間違いなかったこと、お世話になったことのお礼などを申してくるのですが、その際には、すぐに自分の肉体のある場所に戻ることを告げるのです。(この意味は後述)

●自殺死の場合

天寿を待つことなく、自ら死を選び命を亡くしてしまった場合はどのようになるのであるかを思う方も多いかと思い、そのことをも追記しておきます。

この場合、色々な理由があるかと思うのですが、「御霊の障《さわ》り」の場合と、本人の意思の元に「もう、これで自分の生きることは止めた」と思い、自分の意志で決めた場合とがあるのです。

最初の「御霊の障り」により自殺に追い込まれた場合、大変気の毒なケースなために神々様の「みはからい」があり、全く通常の迎えとなり、カリキュラムもそのままとされ自然死と同じ状況であるのです。

問題なのは、自らの自殺であり、あのように神々様の「みはからい」の元、人として生まれさせていただく省庁での多くの「神霊」の方々のお世話を受け、何があってもその苦難や障害を乗り越えねばならないものであるにもかかわらず、それを放棄してしまった訳ですからそれなりのことはないわけではないのです。

特に「罰則」はないのですが、四十九日間の期間の中で、第一週目の七日間は自宅で家族とともに暮らすことも出来ず、軒下に佇まねばならないのです。また、迎えも軒下での迎えとなるのです。

ところが、天に帰った後は、通常の手続きも行われ、特に地獄へ落とされるということもないのですが、生きていた時の想いが暗い場合はその想いで自分の元いた場所へは戻ることが困難な「御霊」も多く、下での暮らしを自ら思い、自ら落ちて行く場合が多く、そこが地獄の浅い場所になるのですが、想いが変われば自ら上に上がれる場所に下りることも多くあるとのことなのです。

●戦争や赤子（一歳から二歳までくらい）での死亡の場合

戦争の場合は、国の事情であり、致し方なく命を終えてしまったこともあり、神々様の「みはからい」があり、帰ってすぐに本人の希望があれば、最優先で再び人として生まれることが出来るのです。先の太平洋戦争では多くの人々が、帰り着いたのちに人として生まれたとのことです。

また「御霊の障《さわ》り」で命を亡くしてしまった場合、神が障りと認めた場合に限り、同じ処置がとられるのです。

殺人の被害者となってしまった場合は、通常の亡くなり方と全く同じなのです。

赤子の場合は、肉体は口もきけない赤子であっても「御霊」は十分に数千年も生きている訳ですから、その意思もハッキリとしており、自分の意志で再度生まれたいと願うことが出来、この場合も同じ措置が取られるのです。

私は時折、生まれたばかりの赤子や数ヵ月の子供の「魂」との会話も致します。

このことは、おそらく人々には考えられないことでしょうが、人に宿された「魂」との会話も、その「霊体」を見てどこのどの階層から生まれてきたのか、今の想いも聞いてみたりも致します。

その際に、「これから一生懸命に人として生きてみたいと思うのです」と、多くの「魂」が申してくるのです。

このように、「御霊」や「魂」との会話は日頃から常に行っているのです。

この私の「魂」のことは、向こうの世界では全ての「御霊」は知らないということは全くないのですので、このように本のための原稿を書いている今もあちらこちらで、色々なことを言ってきている「御霊」もあり、時には物音のしない状態でジーッと聞いているような「御霊」もおり、その時は目の前にいても知らんふりをしながら、今の今もこの私の周りは「御霊」だらけなのです。

上の方では、囁き合っていたり「そんなことまで書くのか」などと申してきたり、周りは賑やかなのです。

この私が、このように本を書くことは、全ての「御霊」の知るところであり、同時に神々様のお許しの元のことであるからなのであり、全ての文章は神々様もご存じなのです。

この地上の近くにいる「魂」（霊体）は、人々に対して決して悪いことをする「霊体」ではなく、不安や長いこと苦しむ状況を分かって欲しく思う想いの「魂」もおり、時々「人の魂」が明るい人間に対しては、「霊体」がそばに近寄り尋ねることがあるのです。

その「霊体」の行く末のことを、自分達はこの先どのようになってしまうのかなどを尋ねてくることがあり、そのような時には、感じる人は急に肩が重くなったり頭が重くなったりすることが稀《まれ》にあるのですが、時間が経過するとその症状は軽くなることがほとんどなのです。

霊界移行

肉体から「魂」が抜け出たのち「幽体」となるのですが、その直後は大きな戸惑いがあり、霊界そのものの存在を知らないで、または、全く死後の世界を信じないでいた人々のほとんどは、この「戸惑い」がごく当たり前のようにあるのです。

霊界移行には、これまでに述べたようにいろいろなケースがあり、病院のベッドの上で、交通事故などの出先の際に、また、災害に見舞われてしまうなど、あまりにも突然であった場合、訳も分からずその場で立ちすくんでしまう「故人」も多くいるのです。

事故や災害にあってしまった場合、自分の肉体が他の場所に移され、その肉体のあり所が分からなくなってしまうこともあり、この場合自分はどこに行って良いのか分からず、その場で動けないでいる「霊体」もおります。「地縛霊」となっているのは、このケースなのです。生前に、死後の世界のことは全く分からない・信じない、と過ごしていた結果なのです。ほとんどの人々にとって、自分の肉体の亡き後のことは分からないのがごく当然のことであり、そのことを知らせている書物や説教などにも出会ったこともないという人も多くいるはずですから。

死後、自分はどのようなことをしなくてはならないのであるか。また、どのようなことになってしまうのかをここである程度詳しくお話し致します。

肉体がないということは、頭脳もない・知恵もない・心もないのですから、記憶が日毎《ひごと》に薄れていってしまうのです。

時折、帰る場所が分からないでいる「霊体」にその帰り方を教えるのですが、一番困るのが、名前や住んでいた場所などを聞いても「分からない」という場合です。うすぼんやりと覚えている記憶をたどらせ、やっとのことで故人の家の祭壇の元に辿り着くことになるのです。

このような時には、辿り着けたお礼やその想いを私に伝えてくることも時にはあるのです。

このように、早いうちであれば、家族の元や、家に帰れることになるのですが、およそ三日過ぎると自分の名前すらおぼつかなくなってしまうのです。

そのようなことを避けねばならないために、向こうの世界では特別な決まり事があるのです。

こののち、肉体を離れてからお棚上げの日までの決まり事を神のお許しの元の範囲内で書かせていただきます。

この、記憶が薄れてしまうということから、「神のみはからい」の「迎えまでのカリキュラム」が決められているのです。

天の迎えの準備

通常の迎えと、調査を行う迎えの二通りがあるのです。

下の世界におられる「長《おさ》の神様」からの報告による場合が通常の迎えであり、その場合は、天より「迎えのための使者」の「神霊」が派遣されるのです。

この派遣される「神霊」（神霊界7）は、「魂」の迎えを主に司《つかさど》る省庁より派遣され、その「神霊」より**「お前さんは、本日より三日後の何時に帰るのである。そのために身体から『魂』が抜けるための準備をせねばならない」**と告げられ、その際に「面談」があるのです。

時には、その面談のなかで、霊界移行を延ばすことを願う「魂」はその願いを告げるのですが、その場合天に持ち帰り、特別な「みはからい」を賜るのです。この願いが許された場合は、三日または数週間延ばされることであるとのことなのです。

その使者の報告により、天の「人の世に生まれさせた『魂』を迎える」省庁で、迎えのための準備が始められるのです。

調査を致す迎えの場合は、突然の霊界移行の場合なのです。どこの家系のどこの階層から生まれさせたか、「御霊」の調査を行った後の迎えの準備となるのです。

帰るための準備

通常の移行の場合は、このように行われるのですが、突然の移行の場合はこの準備が出来ないのです。

その自ら行う準備とは、肉体の中に「幽体」があり、「魂」を守るための「霊体」があるのですが、その「霊体」は、分かりやすく言えば「魂」の周りに折りたたまれた状況にあり、その折りたたまれた「霊体」を肉体の中でほぐすのです。それは、自分の「魂」が自ら行うことであり、誰も手伝ってくれることではないのです。

また、寿命を残し、突然に「死」ということになってしまった場合、この準備が出来ないのですが、この際には「幽体」が抜け出た後に、自然とその「幽体」の中で「霊体」がほぐれるのです。

突然の「死」となってしまったために、想いの準備がないために、「幽体」が僅か七日で「霊体」に変わってしまうことをも分からず、戸惑いの連続となってしまい、その場に延々と留まってしまうことも多々あるのです。

そのようなことは、避けねばならず、肉体の亡き後は必ず天に帰らねばならないのです。

人の魂

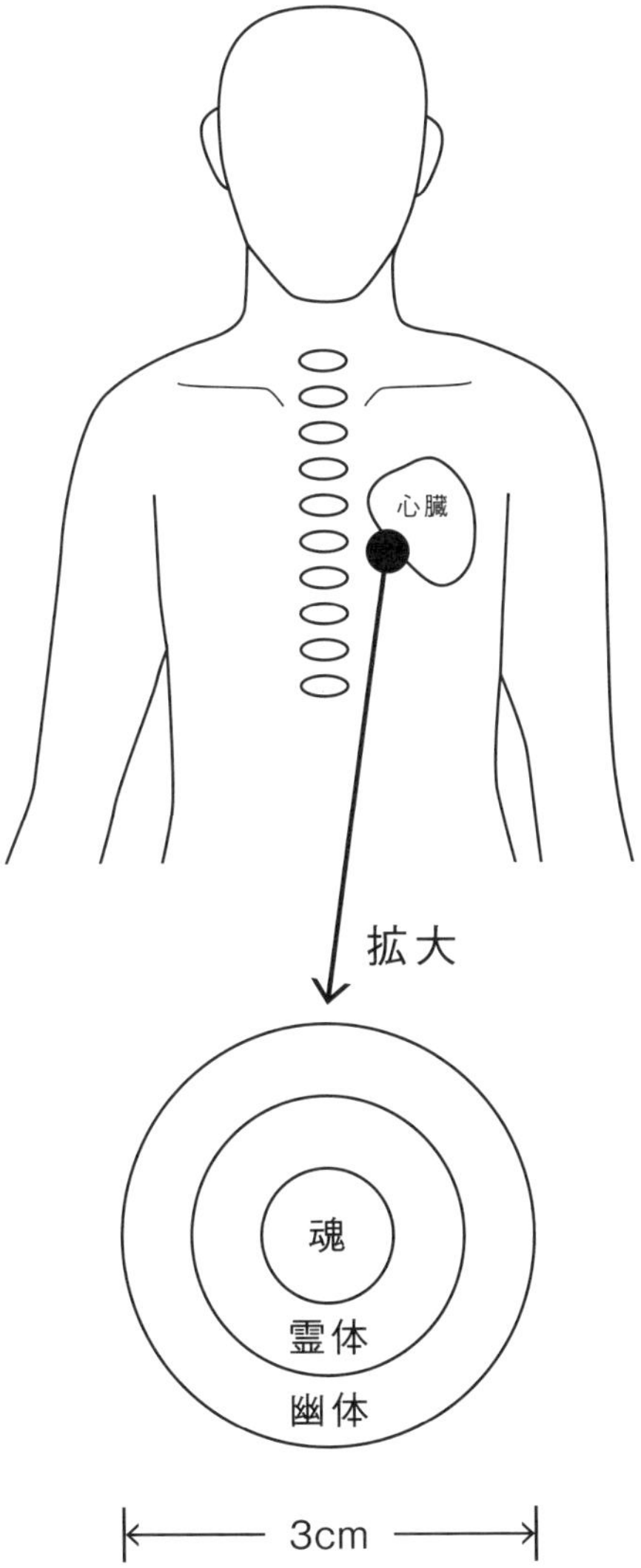

迎えを待つ間のカリキュラム

霊界・神霊界の世界の中から、人として生まれた「御霊」を滞りなく帰らせるための「天の決まり事」として、神の世界よりの多くの「みはからい」と「決め事」があるのであるのです。

この地上には、多くの人々が生活を営み、必ず天に帰らなければならないこととして「御霊の行方不明」をなくし、天のある場所での手続きを滞りなく行わねばならず、また、元いた場所に返さねばならないということなのです。

天からの迎えは、七週×七日で四十九日目という決まりがあり、人の世の中でお棚上げを三十五日法要で行ったとしても、天からの迎えは四十九日目の夕刻なのです。三十五日のお棚上げであっても、『**それは人間界の行事であるから、それはそれで良いのである**』と神々様は申されておられるのです。

入棺の際に

肉体を離れてから、自宅に戻ってからは、故人は常に遺体の頭のそばに「幽体」でいるのですが、ほんの僅かな距離しか動くことが出来ないのです。

皆、神々様の決め事のなかでのことなのです。自由に動くことが出来るのは、火葬直後から自宅に戻るまでであるのです。

ほとんどの人々は、亡くなった直後には天に帰ると思っているようですが、実際はそうではなく、「幽体」である際には次元は超えても（四次元）、この地上にいるのです。

入棺の際に、必ず入れてあげなければ不自由な思いをしてしまうことがあるのです。まずは、洋服を!!　季節は全く関係ないのですが、秋冬物セット、夏物セットと大切にしていた物、特に靴を忘れがちなのです。要らない物は「杖」「メガネ」「携帯電話」「バッグ」「下着」なのです。

これらの洋服は、「幽体」が薄くなり「霊体」に変わった後に着替えをするのです。第二週目から迎えに来るまでの間に自由に着替え、服を着てあちらこちらへと移動出来るのです。

本を書いている間に、「靴を忘れないで」と書いてくれたら、帰ってくる皆が助かるという「霊体」の方からの要望でした。

昨今は、「死に装束」のみで綺麗な綿帽子などを使い、お嫁さん姿の装束で送る方もおられますが、洋服を入れてなかったりすると、ずーっとその装束のままか、あるいは「素の霊体」（裸）で時を過ごさねばならず、情けない思いをしてしまうことになると申してこられたのです。

火葬の際には、天の上からお役をもたれた「神霊界8の神霊」の方が下りてこられ、各故人の棺の中の物を、「霊体」の懐に入れてくださるのです。

このことは、なかなか理解されづらいと思うのですが、「そうなんだ」と思ってください。必ず、誰しもがのちには経験することなのですから。

その懐の中に入れていただいた物を出して着替える訳ですが、その物の出し方も着替え方も、全く分からないでいる「霊体」がほとんどであり、親切な「先輩霊体」（まだ長いこと帰っていない「霊体」のこと）の方々が、丁寧に教えてくださるのです。

その際に、お金が必要なのです。

その会話も耳にしています。着替えなどは、入棺の際に、すでに何を入れられたかは故人が全て分かっているのです。

故人を送る際の必要な物

家族の人々は、想いのなかで故人が好きであった物を優先して棺に納めて満足していることが大半ではないかと思うのです。

時には、あれもこれもと、物と花に埋め尽くされ、それでも足りない物や忘れがちの物もあるのです。このように、多くの物を入れてあればまだしも、今の世の中の簡素化されてしまった状況のなかで、「入れてもらえなかった」と言う故人もなかにはいるのです。

また「お金」というこのお金が問題なのです。多ければ良いというものでもないのですが、必要最低限の額があるのです。

先ほど述べた洋服一式・靴または草履。この、服を着替えるという作業も、手も足も肉体のあった時ではないのですからどのようにしたら良いか全く考えも及ばないのが現実なのです。

また、「霊体」のどの場所にその服などが入れていただいてあるか（脇の袖の中なのですが）それさえも分からず、このような時に、先輩の五次元の霊界人の方々が親切に教えてくださるのです。

その時のお礼のための「お金」が必要なのです。この、棺に入れられた品々は、迎えの来る前日まで必要とするのです。全く、服やお金がない場合は、時には、無償で何か頂けることもあるのですが、ほとんどの故人はあまり外に出ないで家の近くに佇んでいるのですが、それも、六週間がその状態で続いてしまうことが現実なのです。

ただ、要らない物も多く、まず、杖（足が悪かった、腰が痛かったという人でも肉体がないので全く関係ないのです）、メガネ、携帯電話、ゴルフセット（没収される）、メモ帳やノート、財布、靴下、ハンカチ、帽子、鬘、化粧品、一万円札、五千円札、五十円玉、十円玉、五円玉、一円玉、これらの物は全く要らないのです。

この、棺の中に入れられた物は、各故人の物として斎場で焼かれる際に、その斎場の上でお役目を持たれた神霊界8の「神霊」により仕分けされ、自分の「霊体」の懐に納められるのです。

ここまでの内容を書くことを許されましたので、これ以上は、知らせなくても良いとのことですので、このことはここまでと致します。

また、追記として読者の方々が、きっと疑問に思うことではと思い、このことをも、お話し致します。

では、先輩霊界人のもらった「お金」はどのようになるのか？　と思うでしょうが、霊界や天体の世界では、物の売り買いなどは全くなく、お金そのものは必要ないのです。全ては、思う想いの世界なのです。痛みもないから、杖も要らない。目の見えなかった人でも、「霊体」の目で見るのでメガネなども全く必要ないのと同じなのです。

この、もらったお金のことですが、全てが想いの世界のために何かのお札を表さねばならないのです。棺に入れた物は、迎えに来るまでの大切な「宝物」なのです。そのために、お礼の表わしには「お金」が必要なのです。もらった側のお金は、七日間は手元に残るのですが、その後、消えてしまうのです。親切にした「先輩魂」は、自分でも困ったことや迷ったことがあったりしたことを思い、その良い想いのなかで親切なエネルギーを培えるのです。そのために、向こうの世界では良いことをしているうちに、まだ帰らないでいる「御霊」の「精進」に繋がることとなり、この、五次元の世界では、皆、助け合っていることも事実なのです。自分が、帰らなかった、帰れなかった、それぞれの理由があるのですが、迎えを待つということは人の世の中で言えば「首を長く長くして」待っている状況なのです。と言うのも、「魂」が「御霊」に帰る手続きなどが済んでいないため、また、人間界に近い場所での低次元での居場所にいるために、「御霊」を包む（守る）「霊体」の劣化が少しずつ進んでしまい、やがては「霊体」が薄くなってしまうこととなるとのことなのです。

このことは、必ず霊界に帰らなければならないということであり、そのことさえ全く分からないでいる「霊体」もいたのです。

このように、この私が、本を出版するために書き進めている状況のなかで、霊界・天体の側では文章を読んでいるかのように、想いが伝わり、書き始めていると、霊界の周りが静かになるのです。そのために、このくだりは、まだ、帰っていない「魂」のためにも想いを込めて書き進めているのです。

よって、送る側の人々は千円札六枚以上と、百円玉二十枚以上の「お金」は必ず棺の中に入れてあげることをお勧め致します。

このようなこともありました。

神のお許しの元で私の想いのエネルギーで靴を造って差し上げた、下駄を造って差し上げた、ということもあったのですが、特別な事情で何もなかったという方にも服を造って差し上げました。簡単な夏服のワンピース（茶色）やブラウス、ズボンなど想いのエネルギーで造り出すのです。靴がない場合は、棺に入れられた服に裸足のままで過ごすのです。

通夜・葬儀の際に

「通夜」を迎え、その後に「葬儀」となる訳ですが、この時も決まり事があり、この通夜と葬儀の際には立つ場所が決まっているのです。

肉体から離れた瞬間は、少しの間は動くことが出来るのですが、人間界の通夜と葬儀の間は、神の「みはからい」により、故人の「幽体」は身動き出来ないのです。そのために参列者のそばには寄れないのです。

葬儀の際には、故人は棺のそばの頭側の位置に立つこととされ、次々に訪れてくる人々からの挨拶を受けねばならないのです。

この私の場合は、葬儀はよほどのことがない限り出席は許されていないのですが、時折、親しい人の葬儀に出向く際に棺のそばに立っている故人と会話をして、伝えたいことがあればなんなりと、と申しあげ、その意思を家族に伝えるのです。

皆、一様に亡くなった時の服装のままの姿の「幽体」で棺のそばの頭側に立ち、参列者からの思う想いを受け取っているのです。付き合いで来ている人、心から悲しんでいる人の想い、さらに、興味深々とした想い、(遺産はどのくらいあるのかなぁ)とか、どのような想いをしているかは、全て素通しなのです。

その際に、故人との会話のなかでよく言われることなのですが、知り合いであった故人曰く、生前は生意気で嫌なやつだったけど、あんなに明るい「魂」で実に真からの想いで参列してくれていた。いいやつだった、など。

冷静に思う想いでいる故人もいたり、不安を思う想いでいる故人もいたりと様々な想いをしていたり、ただ呆然と何も思わないで立ちすくんでいたり、これも、この世界のことを全く知らないということなのかと思うのです。

葬儀を終えた後の、「幽体」でいられる僅かな期間が、この第一週目であり、人であった記憶がまだ残る期間なのです。

「幽体」となった故人は、肉体がない訳ですから当然のことながら頭脳もないために記憶が徐々に薄くなり、自分の名前すら忘れてしまうことが多く、そのために家族とともに自分のいた家での暮らしをしなければならないという決まりとなっているのです。このことで、天からの迎えの際に「行方不明」の「御霊」をつくらないとされるのです。

また、肉体のあった時と全く同じ「幽体」の身体であるのは、自分の居場所と自分の名前や、家族の名前や、家の周囲の風景などをも忘れさせないためであり、このことは第二週目からは、自由に外に出向くことが許されるために、自分の家に戻ってこられるためのことでもあるのです。

天よりの迎えは、その家での迎えとなるのです。

●第一週目（初七日間）家族とともに

前述の通り、家族とともに、この期間は外に出てはならないという決まりがあり、決して外出することは許されないのであるのです。

この期間は、「幽体」（肉体であった時と同じ身体）である期間であり、自分が人であった時の記憶をそのまま継続させておかねばならず、迎えの際には自分の家が待つための居場所となるのです。

家族の目には見えなくても必ず故人は家にいるのであり、会話は出来なくても家族の想いは全て読み取れ、分かっているのです。

●第二週目（ふた七日）

自宅でいても良いのですが、この週になって初めて外に出ることが許されるのです。この時には、「幽体」から「霊体」に変わり、ここで初めて棺の中に入れてあった自分の服に着替えが出来、友人・知人・親戚・世話になった人・友好のあった人達への挨拶や思い出のある地へも行けるのです。

一週目は、自分が息を引き取った時の服装のまま（幽体）ですので、葬儀の時もそのままの服装なのですが、それらが全て「幽体」とともに消えてしまい、「素の霊体」となるのです。

この、二週目の「霊体」に変わった場所は五次元の世界に自動的に移行するのですが、この世界は、迎えを待つ「霊体」と帰らないでいる古い「霊体」の共存する場所なのです。

着替えをしていない「霊体」を見た時に古い「霊体」が、たいていは親切にその着替え方を教えてくれるのです。

この「お金」や「洋服」は斎場で焼かれてしまうのですが、霊界ではそれらが残るのです。

このことは、全くもって人間界では明らかにされたことがないのですが、ここのくだりは神様に記載を許されました。と言うのも、昨今では何も入れない、また、どうせ焼かれてしまうのだからと、入れるお金が作り物の印刷されたお金となってしまっている地域もあり、洋服もほんの僅かだったり、時には、死に装束だけということがあるために、故人が服を着ないままの「素の霊体」（裸）でいることになり、この私にこれだけは伝えて欲しいと、すでに故人となってしまった「霊体」の方々からの強い要望もあったのです。

重複致しますが、服はあっても、靴がなかったとか、このことは実際に、この私の所にも想いを馳せてこられた「霊体」も数多いのです。

そのために、このことは書いた方が良いであろうということなのです。また、お金を先輩霊界人の方に差し上げるという言い方をしておりますが、お礼のためなのです。

自分の洋服は自分のためであり、お世話になった先輩霊界人に渡せないので、お礼に「お金」となるのです。

この棺の中に入れたお金を使うのは、道を尋ねた時や着替えの方法を教えてもらった時などに使うのですが、ほとんどが第三週目までなのです。

このお金や、洋服は四十九日目に天に帰る時は持っていくことは出来ないのです。

唯一許されているのが、指輪やネックレスの装飾品二点に限られているのです。

この品は、天に帰ってからも「宝物」として「御霊」が生涯持ち続けられるのです。焼かれてしまうから、何もなくなってしまうという理由から、この指輪やネックレスはほとんど棺に納めないのが現状なのだということなのですが、故人にとって気に入って肌身離さず持たれた物は入れて差し上げたら喜ばれると思うのです。

私の所に来た「御霊」が忘れ物をしたと言って戻ってきた「神霊」がいたのです。「何を？　忘れ物って？」「とても大切な宝物なんです。母から頂いた物」と言っていたのですが、その時は、「そうなんだ～！」と思っていたのですが、近頃分かったのですが、この、人であった時に大切に思っていた物でそれがあの「忘れ物の宝」であったのです。

何か悲しい想いをしてしまいました。（私の母の時にネックレスや指輪を入れてあげなかったのです）

「神霊」も、霊界人も、その「宝物」は常に身から離さずにどこに行くにも必ず持っていくのだそうです。

それくらい、大切な物なのです。「神霊」の方の場合は、人として生まれたのは相当古く、おそらく神界の位であればおよそ三千年くらい前に最後に人として生まれたのですから、その当時の物が「宝物」なのです。

天では、神界に移行した「神霊」の世界では、特に規則が厳しく、皆同じ階層では全く同じ服装であり、自由はほとんどないのです。
また、持ち物も限られており、贅沢は全くなく、清楚で礼儀正しく、厳しい規律のなかでの暮らしなのですから、人であった時に持ち帰りが許された物が生涯の唯一の「宝物」となるのです。
私の所に来た「神霊の忘れ物」は、そのように大切な物であったために、いったん天に帰ってしまっても、再度戻ってきてまでも取りに来られたのです。（実際は、用事が済んだ後は独断で人間界に戻ってくることは出来ないのです）
何度か生まれた場合は複数持っている「御霊」もいるのですが、そのことは特別に許されているのです。最大限十一個までなのだそうです。（数は神様より）

●第三週目（み七日）

故人となった「魂」は（まだ、天に戻り手続きが済んでいないために「御霊」とは言わないのです）、自分が生まれる前の霊界・天体の元いた場所を思う想いをしなければならず、これから先のことを思わねばならないのです。

ところが、実際はほとんどの「霊体」は自由にどこへでも思った瞬間に移動出来るために、そのことを忘れたかのようにあちらこちらへと思い出すまま移動をしてしまっているようなのです。

と言うのは、肉体のあった時はどこに行くにもその体とともに移動するために、徒歩や、車などの乗り物を使う移動であるのに対し、「霊体」となった「魂」は、思う想いのなかで思った瞬間に移動することが出来、また、この頃になると他の「御霊」との交流が出来るからなのです。

人間界の友人であった「霊体」だけでなく、「先輩霊体」との交流も頻繁に行われるのです。

この瞬間移動は、迎えを待つ次元の場所で許されているために出来るのですが、およそ一年過ぎると動ける範囲が決められており、エリアを越えられなくなるのです。このようなことで、海外に行ってくる「霊体」もあれば、全国周りのようなことをしている「霊体」もあれば、ジーッと家に籠ってしまう「霊体」もいるのです。

この三週目に入った頃からの「霊体」は、とにかく明るいのです。自分の想いでいかようにもなることが分かり、外出しっ放しのようなことがあったら、迎えが来た時にいないのでは、と、時には心配にもなるのです。

交流のあった「霊体」には、いったんは必ず家に帰るようにと話しているのです。

人の世の中にたくさんの想いを持ってしまった「魂」は、ほとんど帰ることを思わなくなってしまうのです。そのために、天よりの迎えを断ってしまうということとなり、決して良い結果にならないのです。

故人の家族の方々が自分達のことばかりを思ってしまうのであれば、故人の行先を阻み、地上に引き留めてしまうことになりかねないのです。

この時期になっても、まだ残した家族のことを思う想いが強い場合はほとんどの「魂」は戻れなくなってしまうのであるとのことなのです。

●第四週目

この四週目になると、天より使者が来られ、元いた場所の確認がとられるのです。どこの、どの場所に帰るのか、迎えの省庁から派遣された神霊界7の「神霊」であり、この

この使者は、神霊界の迎えの「二神霊」のことが知らされるのです。

「神霊」のお役目である下調べは途轍もなく手間のかかる大変なお役目であるそうです。

この迎えの「神霊」は、ほとんどが天の神霊界の神霊界7の「神霊」と神霊界6の「神霊」の「御霊」の方であり、時には先祖の「御霊」が「一神霊」のみ許されるのですが、この先祖が迎えるというのは、ごく稀《まれ》なことなのです。

ここでも、予《あらかじ》め先祖が届出を致し、許可された先祖「一神霊」のみであり、神霊界7以上とされているのです。

迎えに来られたにもかかわらず「帰らなかった魂」には、二度目の迎えはないので

す。その場合、自分の子孫が帰る時に、ある手続きを取って許された後に一緒に帰ることが出来るのです。

さらにこの時に、「帰る・帰らない」の意志確認をされ、帰らないという意志の固い場合は、その迎えが解除されてしまうのです。そのために、「帰らない」ということのなきようにという指導がされるのです。

●第五週目

この頃から、自分のことだけではなく相手の「神霊」のことや「霊体」のこと、また、「先祖」の方々のことや残してきた家族のことなど、周りへの配慮の想いの習得のための日々を送ることとして、神霊界より派遣された「神霊」の指導を受け、その習得のための日々を送らねばならないのです。

天では、上に昇格するための絶対条件のなかに「周囲のことを思う想い」がなければ上への昇格は無理なために、人の世の中で、自由に生きた人々の「魂」のままでは天の安寧に繋がらないのであると申されておられるのです。

ところが、実際はあまりにも自由にどこにでも行ってしまえるためになかなかこの五週目では、難しいようです。

●第六週目

この場所でも、五週目と同じように、「周囲への思う想い」と「自らの御霊への想い」を致すこととされ、さらに、思う想いを深くし、静粛にしていなければならないという日々を送るのです。

また、この先自分の行く先の所を言い渡されるのです。元いた場所などの記憶は人として生まれた際に全て向こうの世界のある場所に預けているために、正確な元いた場所が分からないために、そのことの「みはからい」があるのです。

この三週目から六週目までの長い期間は、なんのためにあるのかを女神様が申されたのです。

『帰るまでの、この期間を各「御霊」は、自らの「御霊」の想いにならねばならず、自分のこれから先にどこに帰りつかねばならないのであるのか、そのためにはどのような想いをしていなければならないのであるのか、帰り着いた場所で思うのでは、すでに遅いことがあるのである』

『また、人として生きた自分の想いが成長しきれないでいた場合、このことを自ら反省する期間であり、自らの「魂」を高めておかねばならないのであり、このことが、帰り着いたのちに「魂」のためになるのである』

と申されたのです。

よって、この第六週目には自分の「御霊」への思う想いを深く思うことに専念するための日々を送ることとされているのです。

●第七週目（お棚上げ四十九日まで）

いよいよ、霊界・天体へ帰る週となり、最終日（四十九日目）の迎えの日までは、最後の別れとして出向くことがあっても良いとされ、その前日までを許されているのです。

四十九日目の朝、八時三十五分に居場所確認があり、夕刻の四時三十五分過ぎに（人間界の時間）に天よりの「二神霊」に付き添われて天のある場所（六次元）に帰り、到着となるのです。

第三週から最後の第七週までの間、「迎えを待つ魂」のために、この長い期間を与えられているのは大きな理由があるのです。

その理由は、何も分からず人間界で生きた「魂」のために、この期間に自分の本来の「御霊」への想いを致し、その生まれる前の場所のことをその場所に帰るための想いを強くすることを思わなければならず、この期間が天に戻ってから大切なのであるとのことなのです。

この私は、帰るまでの間、あちらこちらに自由に出かけられて名残を惜しむ期間をこれほど多く取られているのであるのかと思った瞬間に、神様より『そのようなことではなく、戻る場所を認識し（自宅）、その場所と自らの「御霊」への想いを致す大切な期間である』と申されたのです。

人は、それぞれ皆自由に生き、楽しかったと思う人生を送った人、苦しくて、悲しくて、また、無感動の生き方をした人も、どのように生きても「帰らねばならない」のです。本来は、その生き方のなかで途轍もなく大切な「魂」の糧を培ってこなければならなかったのです。

どのようにそのことを思う想いとなるか否かは、各自が自由であり神の関与することではないのです。

五次元の世界

この世界は、天からの迎えを待つ「魂」達がたくさんいる世界なのです。迎えが来ても帰らないでいる「霊体」も大勢おられ、その場所を生活の場所としている「霊体」もいるのであるのです。

皆、いずれ必ず帰らねばならないという想いはしているのですが、天よりの迎えは、その迎えを断った場合はよほどのことがない限り帰れず、二度と迎えがないのです。唯一、自分の家族が帰る時まで待たねばならないのであるのです。

このことを書くことは、やっとのお許しがあり、書くことが出来たのです。

この帰らないでいる「魂」（霊体）の場所を、向こうの世界では「地の世界」という呼び方をしているのです。

五次元の世界は、長年「魂」の住む世界と、迎えを待つための居場所としている「魂」のこの二通りの世界であるのです。

「地の世界」（帰らないでいる「魂」の世界）のことは、この後、少しだけお許しの範囲内でお話し致します。

肉体が終わり、迎えに来るまでを過ごす世界の中で、迎えを過ぎてしまった「霊体」とが共存する世界であり、迎えに来ても行かなかった「霊体」と、迎えが間に合わなかった「霊体」と入り乱れている世界なのです。

ここは、霊界であっても最も人の住む場所と近い世界であり、常々人間界と隣り合わせのようなことなので、人の想いも即座に読み取れ、自分が人であった時のことを忘れることなく日々を送り、移行間もない「魂」が何かと困っている状況の時には、この「五次元の世界」におられる「霊体」の方々が「新霊体」に親切に助言をしたり、時にはそばにしばらくいてくれたりすることも多いのです。

「地の世界」で暮らす「先輩霊体」の方々には、途轍もなくお世話になることが多いのです。

昔から伝えられている様々な行事や習わしは皆意味があり、一概に迷信や気休めなどでないことが多くあることが「神の世界」に専属に入ったことで、数々の体験を致し、「霊体」との会話の元に理解し得たのです。このことを伝えなければならないと、強く思うのです。（耳を澄ますと「御霊」や「霊体」の会話が聞こえ、時にはこの私も参加してしまうのです）

地の世界

長年五次元の世界で暮らし、その場所を自分の生涯の住み家として暮らすことにした「魂」の方々の暮らす場所であり、正式な霊界での手続きを終えていない「魂」の世界なのです。

頂点は「長《おさ》の神様」が統括され、整然と規則正しく、想いの深い世界なのです。ところが、人間界の人々に悪さをする「悪御霊」が、この「地の世界」に侵入してしまっており、この世界から人間界に介入して悪事を働き、天の掟破りをしている者もおり、この罪を犯した「悪御霊」を神々様の世界でも懸念されておられ、払拭《ふっしょく》を致さねばならないことであると申されておられるのです。

この「地の世界」の方々は、途轍もなく想いが深く、この私はどこに出かけてみても、その方々との想いが通じ、会話が始まり助けられているのです。

一番多いのが、道に迷った時や、地域の歴史や建物、お寺、神社などは（この場合は、およそ六百年ほど暮らしている方々です）、手に取るように分かるのです。

言葉遣いも、時々は思わず吹き出してしまうほど気さくで友人言葉で通用するのですが、胸が暖かくなるほどの想いを受けるのです。

人間界のような、腹と言葉が違うなどということは全くなく、想いがそのままなのですから、安心して会話が出来、私が思った瞬間に相手に伝わってしまうのです。

心安らげる、唯一の「地の御霊の方々」との交流なのです。この神の世界に入り、私にとって一番の心休まる癒しの想いが湧いてくる瞬間であり、思わず笑みが浮かび、楽しいひと時となるのです。

この世界は、移動出来る地域が限られているのです。天の各エリアとは違い、狭い地域の中でお互いを思い合いながら暮らしているのです。

親分肌の方も多くおり、その中で助け合いながら、いつか帰れると思う想いで迎えを待つ「霊体」もあれば、そこを暮らしの場所としている「霊体」もいるのです。

ただ、一度は帰って手続きをしなければいつまでも「魂」のままでは、ならないのです。人間界と近いために、長引けば長引くほど「霊体」の劣化が進んでしまうとのことなので、いずれは天に帰り、「御霊」としての手続きをしておかねばならないとのことなのです。

また、人の「魂」のエネルギーは途轍もなく小さく、「霊体」では一ボルト程度であり、帰った「魂」の「御霊」は一・七ボルトのエネルギーとされ、その差のために、悪巧みをして天より下りてきた「御霊」には敵《かな》わず、難儀することも多いそうです。

要は、自分達の住処としている場所を占領されてしまっている状況のようなのです。

この「地の世界」は人の「魂」の居住地であり、決して天に帰った「御霊」が下りることは許されていないのです。そのために、この「地の世界」へと下りてしまった「御霊」は天の掟破りとして罪となってしまうのです。

このことを懸念され、「御霊」は全て霊界へ戻し、然るべき処置をしなければならず、人間界の人々の「御霊の障《さわ》り」の解消と同様に払拭しておかねばならず、この私の役割の一つに加えられました。

この、天より下りて人の身体に入り、不具合を起こさせてしまっている「御霊の障り」のことは次回の出版に詳しく書いております。

人の「魂」の迎え

今、生きている人々が最も知っておかねばならないことの一つとして、予《あらかじ》め神々様のお許しの元に詳しく書かせていただきます。

生まれる時も帰る時も、決して人は一人ではないのです。人の「魂」の大きさと重さでは、遠い向こうの世界には決して一人では帰れないのです。

この、迎えの時も、どれほどの「神霊」の方々の「みはからい」があるのかを、知り思わねばならないのです。

先ほど、「御霊」は〇・二ミリと言いましたが、人の「魂」は三センチもあるのです。この「魂」を上の世界「霊界の入口」まで到達させるには「二神霊」の迎えのエネルギーを使い、連れていかねばならないのです。

この、迎えのエネルギーは各「神霊」が神の世界より頂く「力」そのものであり、どれほどの「有り難いエネルギー」であるかを思わねばならないのです。

もちろん、上の「神霊」や神々様からの「特別なエネルギー」を頂いているのですが、各「神霊」の思う想いのエネルギーはことのほか大きくなければならず、かなりの「御霊の消耗」に値するのです。

このことは、人は予《あらかじ》め分かっていなければならないことであり、感謝の想いで迎えを待たねばならないのです。私は、このことを大きな声で伝えたいのです。

この迎えの「神霊」は、神霊界7と神霊界6という階層の場所から神霊界8にある「迎えの省庁」の任命により出向かれるのです。

この「人の迎え」の体験は、どの「御霊」も自分の階層より上に昇格することの条件として、必ず経験することが義務付けられているのです。神霊界6に昇った後にこの体験が義務付けられているのです。

今、生きている人々にとって最も身近な天の役割の省庁が、この「人の迎えの省庁」であると思うのです。


この省庁のことは、こののちまた詳しく書かせていただきますが、さわりの部分をお話し致します。

人が生まれ、寿命を終え、帰る際に、天には「御霊の登録」という天文学的数字を司《つかさど》る「御霊の登録の省庁」が実在し、どこの階層の、どの「御霊」を「いつ生まれさせ」「いつ帰らせる」ということをも把握されているのです。

そのことをも予めお話ししておかねばならないのです。

また、この地上には各エリアごとに、「御霊」や「魂」の存在を把握されるお役目を持たれている「神そのものの世界」より派遣された「長《おさ》の神様」がおられ、様々な情報を天に報告されておられる「神様」が実在されているのです。


この「長の神様」により、どこの、どの「魂」の迎えの準備をしなければならない、という報告を天で受け、神霊界8にある「人の迎えの省庁」が動き出すのです。

さらに、この省庁より派遣される「神霊」（神霊界7）がそのことを確認され、人の身体にいる「魂」に移行する準備はこの日のこの時間であるが良いかと問いに、下向《げこう》してくるのです。

本人の意思が「まだもう少し先にと変えることが出来ないか」という場合は、迎えは先送りとなることが時には多いのです。

災害や事故の場合が天では大慌てしてしまうこととなり、天の各省庁では総出でその迎えのこととされ、時には神霊界の5や神霊界の4でも迎えの役割を担うこととなることもあるのです。

大勢の「魂」を一気に天に送ることも時にはあり、その場合は、「神そのものの世界」の神々様が三神「ご降臨」され、「魂」の移行とされるのです。

霊界の入口（帰り着いた場所）

この場所は、迎えの「神霊」の方々のお力で最初に「魂」が辿り着く霊界の入口であり、六次元の世界に到着する本来の霊界なのであるのです。

大きな森の中に、木立の隙間が少しずつ見え始めた先に、白い大きな七階建ての建物があり、その場所を天では、「白亜の殿堂」という呼び方をしているのであるのです。

入口の手前に大きな庭園があり、その奥に三階建ての広い建物が七棟建てられ、その中央の中庭には素晴らしく綺麗な花々が咲き誇り、見事な景観と生き生きと働く「神霊」の方々がおられ、この私は中央の建物と噴水のある庭園に訪れ、帰り着いた「魂」の様子を垣間見たのです。

その場所へは何度訪れても、「御霊」への手続きの所へは入ってはならず、詳しくは神々様からのお話なのです。

辿り着いたこの場所は、最初の入口の所で、先祖の方々との面談や、人として生きていた時の親しかった「御霊」との謁見（この場合は先祖とは違い、ほんの僅かの想いの通い合いが出来る程度なのです）が行われます。この場所は、特別な神からの「みはからい」の場であり、素通しのガラスのような仕切りがあり、直接出会うことは全く出来ないのです。と言うのも、良からぬ「御霊」達からの威嚇や連れ去りを防ぐためのことで、このような配慮があるのです。

以前、この素通しのガラスは設けられておらず、「輩《やから》化した霊界人」が自分達の仲間を増やすために先祖の者と偽り、「新霊体」を連れ去ったことが神の世界に知れ渡り、この状況を防ぐために設けられた処置なのです。

先祖や知人達と謁見後、「魂」がこれから霊界・天体の中で数千年の寿命を生きるための様々な手続きのために別の建物へ移動し、ここで迎えの「二神霊」のうち「一神霊」が付き添われ、その「神霊」の多大なお世話を頂けるのです。

自分の元いた場所のことや、人として生まれる前の記憶を戻す手続きが行われ、さらに、三センチの「魂」を〇・二ミリという大きさに変えていただき、「御霊」となるのです。この時に、自分がどこのどの場所から人として生まれ、どのような生活や役割をも果たしていたのかを詳しく知らされるのです。

さらに、人として生きた模様を克明に報告する義務があり、その義務を終了し、その後に元いた場所にいったん戻ることと致すのです。

この、いったんというのは、人として生きたことでの実績によりその行先が決められるのですので、いったん元いた場所に戻ってから指定の階層に行き、暮らすこととなるのです。

この決定された場所は、人として生まれる前の階層より上に昇格する「御霊」もあれば、下の階層へと下がる「御霊」もあれば、そのまま変わらずの「御霊」もあるのです。

この戻る前に、迎えからお世話を頂いた「神霊」の方より、今後の霊界での生きる場所を知らされ、その階層の場所から、指定の場所に移動するのです。付き添った「神霊」の方は、帰ったばかりの「御霊」の相談や、お世話をされ、時には、元いた場所までの行き方などの説明を行うのですが、なかには人間界への想いが捨てきれないで、戻ることをためらう「御霊」も多くおり、そのことは、本来あってはならないことなのです。

そのためにおよそ一年間は、時々人間界への想いを馳せることは許されるのですが、その後は、「御霊」の精進を致し、さらにその上に昇格するそのための暮らしとなるのです。

霊界で生きることをためらい、人間界への未練を消せない「御霊」は、この辿り着いた場所で留まってしまうこととなり、このような「御霊」も数多くいるのが現状なのです。この留まってしまう棟が一棟あるのです。

この留まってしまっている「御霊」を、なんとかしなければならないとのことで、新たに神霊界４の「神霊」がお役目を果たすことが、天で決められたのです。天には、人間界への関与は決してあってはならないこととして、天での「法律」があり、そのことを守りきれないでいる「御霊」がありがちなことであり、時々、自分の子孫への関与をしてしまい、「罪」とされることが多く見受けられることに懸念をされ、「厳しい罰則」が天の全体会議で決められたのです。

お世話役の任務に就いた「神霊」の方々は、上への昇格が早まるとされ、元いた場所に帰らないでいる「御霊」の役に立つということの感動を味わう体験が精進へと繋がるのです。

元いた場所の階層に戻れて暮らせるか、または、その上に昇格して暮らせるのか、その反対に一段下の階層となってしまうのであるかは、人間界での生き方で「御霊」により違ってくるのです。

誰しもが、この元いた場所より上の階層で暮らしたいと思い、人として生まれることを願い、天の大神様の所でやっとのことで許され、様々な手続きを経て、人として生まれさせていただいた訳であったのですが、そのことは誰しもが全く分からない状況で生き抜き帰ってくるのですから、「なんのために生まれたか」など全く分からないのが極当然のことなのです。と言うのも、記憶そのものを天の預かりとされ、誰しもが「まっさら」の状態で生まれてしまうのですから。

この、人で生きた時のことによって天で暮らす場所を左右されることが、予《あらかじ》め分かっていたのであれば、このようにも、あのようにもなったのにと思う想いをしていた「御霊」が多くいたのです。「御霊」との会話のなかで、このことは必ず本の一部に書かねばならないと思い、神々様のお許しを得たのです。

意気消沈してしまっている「御霊」の場合は、三週間まではお世話を頂くことが出来るのですが、それでも元気になれない「御霊」はその「魂」の辿り着く場所から離れられずにいることもあり、長期にわたり動けないでいる「御霊」は、時々上の「神霊」の方のお世話があり、一年間はその場所で留まることが許され、その後は静かな霊界3の場所への移動となるとのことなのです。

お世話をされていた「神霊」の方々は、神霊界4のお世話役と任務交代後に、次の迎えの任務のために戻られるのです。

手続きの済んだ「魂」は、晴れて「御霊」となり、一人で元の自分の居場所であった所に戻るのです。

その際に、人の世の中で培った多くのことが「御霊」の糧となった場合は、「御霊」の格が上がり、その上の階層に昇格が出来ることも多くあるのです。

人であった時の生き方が帰ったのちにいかに影響することとなるかをこの時に痛感し、喜びに満ち溢れる「御霊」もいれば、なぜこのことが分からなかったのかを悔いる「御霊」も多くいるのです。

新たに決まったこの「お世話役」の「神霊」は、神霊界4に昇格後三百年を経過した「御霊」の希望の元に決められ、「人の迎えの省庁」に仮に属して任務に就かれるのです。

●「御霊の寿命」

「御霊」には、人と違って長い「寿命」があり、暮らす場所により寿命の違いがあるのです。

「寿命」は階層により、おおよそ決まっているのです。

この寿命は霊界の低い場所（霊界1～霊界2）では、およそ千八百年とされ、神霊界に昇格すると四千年以上と長く生きられるのです。

霊界3は、途轍もなく幅と深さがあり、霊界3の中の下の場所で暮らす「御霊」では二千三百年ほどの寿命があり、上の場所では三千年ほどの寿命であり、ここでも、思う想いの差でこの寿命が決まり、良い想いのエネルギーを常々思うことで自然に寿命が延び、その階層の中で少しずつ上の方に上がれるのです。

これは霊界3の場合なのですが、この上の場所（霊界4、霊界5）では、この寿命は、大気圏のさらに上の上の上に実在する「神そのものの神の世界」の神の「みはからい」により、さらに寿命の追加を頂けるのです。（詳しくは後述）

この「霊界」の上に「神霊界」があり、さらにその上に人の「御霊」が最高峰に昇格された「神界（神界10）」の神の世界があるのです。その世界の神々様を人間界では、「やをよろずの神」という呼び方をされている「神の世界」が実在しているのです。天では、「もろもろの神々様」という言い方で統一されているのです。

さらにその上には、宇宙との境界の所に各エリアの天の大神様のおられる世界があり、その上の遙か彼方の遠き所に「神そのものの世界」が実在されているのです。

人の「御霊」の住むこの世界は、宇宙の彼方の「神そのものの世界」からのエネルギーの放出によって霊界の世界・神霊界の世界・神の世界が成り立ち、その「みはからい」の元に生かされているのです。この地上も、人間界も、全く同じなのです。

この私の所に「ご降臨」される神々様が「神そのものの世界」の神なのです。

霊界のそれぞれの各場所をお話しする前に、大まかな霊界での決まり事などを先に書くことと致します。

帰った「御霊」と先祖との関係

このことは、今まで誰も明かしたものがないことですが、正確に伝えておかねばならないこととして、神々様の特別なお許しを頂きましたので記すことと致します。「御霊」そのものは、神の世界で創られたものであるのですが、上下も家系も本来ならばないのです。ところが、人間界に「御霊」を生まれさせ、その「絆」を思う想いを継承した方が良いとの想いで「御霊」の家系の家系図が天で明らかにされているのです。

人の世界での肉体の継承とともに、天では、その継承された肉体に宿した「御霊」をも、同じ家系の系列として登録するのですが、その訳は、何度か生まれ変わることがあるために非常に困難を伴うことから、次に生まれる時も、「御霊」を同じ家系に生まれさせることによってその複雑さを取り除かれたとのことなのです。

この箇所は、書くこともないことと、なかなかお許しがなかったのです。生まれ変わる時も、同じ家系にしか生まれないということなのですから、そのために、帰ってきた「御霊」の功績は、先祖ともに大きな喜びとなり人の世の中に自分の子孫が生まれ、どのように生きているか、また、どのように難儀してしまっているかを常々先祖の方々は心配されておられるのです。

天で膨大な家系が出来てしまうのですが、大まかな家系の数は制限されているのです。（お許しはここまでとされました）

このようなことで、自分の子孫が功績を挙げ、天に帰るということは、その家系の誉れであり、熱い歓迎があるのです。

反対に、良からぬ想いで「生まれる前の『御霊』と大きく違ってしまった場合」は、通常帰ってもその家系の傘下であっても、ほとんどの交流がなくなってしまうのです。そのような「御霊」は、その後は霊界で自ら精進昇格するしかないのです。

時折、天でも「大きな罪」を犯してしまう「御霊」もいるのですが、その場合はその家系の汚点とされ、その「御霊」への罰則があるのです。「天の大罪を犯した者」の制裁のなかで最も重い「根絶やし」という処罰があり、その罪を犯した「御霊」だけでなく、その家系の全員の処罰に及んだこともあったのです。

また、この処罰は天の安寧のためになくすことは決してなく、このようにして、規律正しく生きていくことで天の安寧が保たれているのです。

もちろん、天でも司法省という場所があり、罪は証拠と調査の元に行われるのです。

人の世の中とは違い、「御霊」達は決して嘘はつけないのです。想いや行動は全てが神に分かってしまうのですから、正確な処罰となるのです。


年に一度、七月のお盆の時に、「御霊」達は、人間界に帰ることが出来るのですが、その時も、家系の長老の方からの申請があり、その許しを得るのです。

このお盆は、新しい「御霊」は必ず帰ることなのですが、三十三年を過ぎた「御霊」は、この申請が必要なのです。

自分の家系から、どの「御霊」がお盆に地上に帰ったかは、その家系ごとに「御霊の登録」の省庁で把握され、また、必ず戻ってこなければならないという決まりがあり、「御霊の登録」の省庁ではその戻りの確認もしなければならないのです。

多くの「御霊の家系」の系列のなかでは、上に昇られた「神霊」も多くおられ、なかには「神の位」まで上り詰めた「御霊」もおられる家系も珍しくないのであるのです。

そのような家系は、位の高い「御霊」が多く、子孫への想いも深く、時折「夢に出てきた知らないおじいさんが……」などの経験もある方もいるかと思うのです。

お盆の時期は、大勢の「御霊」がこの地上におられるため、この私の所では祓いは行わないのです。

帰ってこられた「御霊」は、自由に思いつくままに瞬間移動をされ、あちらこちらへと出向かれるのです。

この地上では、どの「御霊」も移動は自由であるのです。天では位により、距離の制限や移動方法が決められており、低い位の場所では僅か数メートルずつの移動であったり、距離の制限からエリア越えも出来ないのですが、この地上では全く関係なく「瞬間移動」が出来るために皆ワクワクしてこのお盆の帰りを楽しまれているのです。

霊界の決まり事

この、決まり事というのは、霊界・神界の世界のことであり、仏界の世界ではないのですが、神界では、必ず守らなければならない「絶対厳守」が多いのです。

向こうの世界では、全てが思う想いのエネルギーの世界なのです。「良い想いのエネルギー」であれば、明るく、生き生きと、暖かくと、どの「御霊」も暮らしやすいエネルギーが満ち溢れるのです。反対に、「悪いエネルギー」の想いを発信するようであれば、そのまま低い所への移行と自動的にはなるのですが、その想いのエネルギーは霊界全体への影響もあるのです。

そのために「御霊」自身の想いが重要視され、上の位への昇格の条件となるのです。思う想いが、常々良い想いで暮らしているのであれば「御霊」の色が明るく輝き始め、「霊体」の色も澄んでくるのです。霊界の最上階で明るいグレー色になると、霊界のある機関の場所より神霊界への移行の推薦が頂けるのです。このことも後述致します。

また、上に昇格する場所に応じて「御霊」の寿命が延び、命を長らえるのです。このことは、次の世の中があるのと同じなのです。

霊界の「決まり事」は神の世界で決められ、霊界の最高峰である霊界5の場所で管理され、必ず守らねばならないとされているのです。

この地上でも、国を営むために様々な省庁があるのと同じように、霊界にも、神霊界にも各省庁が存在しているのです。

霊界の世界では、十三省庁の役所が霊界の最上部の霊界5に実在し、そのなかでも霊界で「罪」を犯してしまった「御霊」の審議が行われる「司法省」で罰則も加えられるのです。

この霊界の安寧を保つためには欠かすことが出来ない役所であり、また、神霊界では神霊界8の上層部に各省庁があり、その数は三十三省庁が実在し、さらに天の大神様の所にも三省庁の役所が存在しているのであるのです。これらの機関は天の安寧に欠かせず、これらの機関があってこそ、この地上も霊界もつつがなく暮らすことが出来るのです。
これから、霊界の世界の中の様子をある程度なのですが、許された範囲内で書き進めていきます。

●建物

この建物は、一戸建ての住宅と長屋の住まいと、さらに、郊外や山間部によって、また「御霊」の能力により、かなりの差があるのです。

ある程度形になった家もあれば、場所を確保しただけのような、建物とはほど遠い、住まいと言うより「居場所」という説明の方が適していると思うものもあるのです。

それと言うのも、この住まいや調度品や洋服など全ては、「御霊」自らの想いのエネルギーで造り出すために、その想いのなかで造りきれないでいる「御霊」もいれば、器用に造ることが出来る「御霊」もいるのです。

また、その想いは、強い想いでなければならず、持続させなければならないのです。造った物に対して、想いがなくなるとどんどんと薄くなり、消えてしまうことになるのです。

必要な物であれば、薄くなった途端にまた、大きな想いのエネルギーを思わねば物は持続して存在しないのです。家を造れないでいる「御霊」の場合は、自分の居場所の確保を致し、あちらこちらに出向き、またその場所に戻るという暮らし方をすることも珍しくないのです。

気の合った「御霊」の方々は、共同で長屋を造り、楽しく暮らすとしている「御霊」も多く、霊界のあちらこちらにこの長屋は存在しているのです。個人主義の想いの強い「御霊」は、個々の家に住み、「御霊」なりに庭を造ってみたり花壇を造って楽しんで暮らす「御霊」も多くおり、この住いは、霊界の階層によりまちまちであり、上の階層に昇格するほど、まともな家となるのです。

全て、想いの強さでの物造りであり、経験を積むことにより、立派な家を造れるまでに至るのです。この能力が優れている場合、上層部の場所での、公共の建物の修復や新規に造られる際には、大いに役立つことが出来、想いの精進に繋がり、昇格の対象ともなるのです。

霊界では、絶対に守らなければならない「決まり事」のなかで、ある程度は自由に生きられるのです。神霊界とは雲泥の差があるのです。霊界の各階層の中では、自由に生きられ、動ける範囲（居住範囲）が決められており、これも霊界3からなのです。

霊界の中に住む「御霊」も、神霊界の世界で住む「神霊の御霊」も、天では「御霊の登録制度」のなかで、全ての「御霊」が詳しく把握されているのです。

そのために、自分の「居場所」を明らかにしておかねばならず、居住場所は常々報告義務があるのです。遠くに出向いても、必ず居住場所に戻らねばならないのであり、三日に一度はその場所にいなければならないのです。時折気の合った霊界人とともに、野山を散策したり、友人を訪ねたり、自分より下の階層の所に出向いたり、と気ままに自由に暮らせるのが霊界なのです。

また、移動するのも、階層により、距離と高さと方法があるのです。これも、全て高い階層であればあるほど有利なのです。（後述）

●服装など（霊界・神霊界）

服装は、かなり自由なのです。極端に乱れていない限り、何も指導を受けないのです。この洋服なども想いのエネルギーで造り出すのです。

また、霊界にある物を使うこともあるのですが、その場合は上の神霊界からの認可が必要なのであるのです。

神霊界での階層ごとに決まっている服装は、製作するための原料となる物は上の「神霊界そのものの世界」よりその原材料が与えられ、階層により全員同じ純白の装いとなるのです。

天には、服装を司《つかさど》る省庁がありその省庁の管理の元に、神霊界では機織りの特殊な技術を持つ「神霊」（神霊界7）が製作に携わっており、各個人で服装を造ることは決してないのです。

神霊界1から神霊界3の階層でまとう服装はかなり多く造られており、常にストックされているのです。

神霊界4に昇格が決まった時点で、上の世界より「霊体」にまとう服を製作されるための糸が手渡され、十八メートルのシルクに似た純白の糸が各「神霊」に渡されるのです。

神霊界1から神霊界3までは、十三メートルの糸を使うのです。神界9までが十八メートルを要し、神界10のもろもろの神々様が使用されるのは三十一メートルとされ、大旺様や女神様は三十三メートルの糸の長さが決められているのです。

昇格の際にこの糸を手にした「神霊」の方々は、この時がまた大きな喜びに満ち溢れ、ある機関にその糸とともに自分の名前を届け、手続きを済ませるのです。

この授かった糸で、昇格した証しの服を製作していただくのです。年に3度ある昇格の授与式の際に、その新品に出来上がった衣をまとえるのです。

この授与式までを、心待ちにし、日々精進に邁進しているのです。

神霊界7の「御霊」が機織りのようにして製作するのです。この機織りは、人間界の機とは全く違い、私の目には見えているのですが説明がつかないのです。

襟元を織る特殊な「緒《お》さ」があり、特別な「御霊」がその襟元を担当するのです。

階層によって襟の数が違い、誰にでも出来ない技とのことなのです。

この省庁の管轄のなかに上の神の服装のデザインを担当する「神霊」がおり、神のまとう様々な傑作の服が造り出されているのです。神そのものの神々様が「ご降臨」される際に、まとわれるケープやドレスはどれも見事な作品となっているのです。

デザインの変わったドレスやケープは、上の「神そのものの世界」のみの服装であり、霊界・天体の中では許されておらず、神界10のもろもろの神々様の場合は、天神様や明神様などの担当される神の名により、デザインが決まっているのです。

それぞれの年間の服装の製作は、もろもろの神々様のみ枚数が決まっており、多くの服が準備されるのです。

洋服を造ることが得意な「御霊」、小物を造ることが得意な「御霊」、花を造ることが得意な「御霊」、建築が得意な「御霊」など、これらはほとんどが人として生きた時に培った経験が大いに生かされるとのことなのです。

このように、神霊界に昇格すると人であった時に培った技術が天に戻った後でも大いに役立つことがあるのです。

霊界でも、「御霊」達は得意分野と不得意分野を持ち、そのために「交換」を互いに致しながら、有意義に霊界生活を営んでいるのです。

時折私は、地上から三百メートルほど上に位置する霊界4のある場所に時々想いを馳せておりました。すると、霊界人の方々の楽しい営みが手に取るように分かるのですが、ある霊界人の所でのお茶飲み会の様子が楽しそうで、微笑んでしまうほどの会話の様子に聞き入っていたことがあります。自分の作った菓子類を持ち寄り、粗末なむしろを壁にしたような家の中で、楽しいお喋りをしている様子を見ておりました。

その方々は、家には全くこだわらず、とにかく楽しい気分で和気藹々《わきあいあい》と暮らしているとのことなのです。

思わず笑ってしまうほどの楽しいお茶飲み会は、掘立小屋の女霊界人の住む家に近くの太ったおばさん風の霊界人が訪ね、「あーあ、まだ、こんな掘立小屋のような所までしか出来ないのかい」「なんだっていいんだよ、雨風、夜露さえしのげれば」「それより、お茶だよ、お茶、あんた何持ってきたのかい」「さぁさぁ、お茶だお茶だ」と大きな笑い声とともに、楽しくお茶している様子を見ておりました。

人間界と全く同じようで、近所の奥さん方のお茶飲み会のようでした。霊界4でも、まともな家が造れないのかと思っていたのですが、気立てが良く、「御霊」そのものが明るく、世話好きなために、霊界3から霊界4へと移行となったそうです。

和気藹々な暮らしぶりに、なんとも、暖かさを感じました。

その、おばさん達と呼んでしまうのは、霊界人の姿が丸々と太った「霊体」であるうえに、簡単な木綿の服をまとい、太ったゴムのスカートでしたので、最初から霊界のおばさんというイメージでした。

また、野山を歩きピクニックに行くような様子の三人の霊界人と遭遇し、可愛い手提げの中に、お弁当を作り、赤毛のアンの本に出てくるような洋服姿でなんとも可愛らしかった「御霊」達もおりました。

この野山への散策やピクニックなどが推奨されているのは、その場所へ行き、楽しむだけでなく、行った場所の花や草花を植える想いを必ずすることとされ、訪れる度に、その植え込んだ花を愛で、育てる楽しみを味わい、美観、景観へと導くためなのです。

居場所と動ける行動範囲のなかで、ある程度自由に暮らす霊界人の方々を見ると、少し羨ましいような想いも致しました。

霊界では、住む場所がある程度決められており「御霊」の居場所を確かにしておかねばならないという決まり事があるのですが、所々に草原や丘があり、小川が流れてなんとものどかなのです。

また、川や池の中で生活をしている霊界人も多くおり、人間界の山懐の近くに存在する霊界の暮らしの様子も手に取るように分かったのです。

時折、山間部を訪れる際には川の両端にその霊界があり（人目には全く見えないのですが)、人間界のすぐ近くには低い霊界が存在しているのです。

このことがあるために、山の奥や川のそばの家の祓いは引き受けないこととしており、行う場合には神々様や地域の霊界人の方々に許しを得てからとするのです。

霊界3や霊界4では、まだまだ想いのエネルギーだけでは、立派な物は造れないのですが、霊界5の上層部に昇格し、長いこと住まわれている霊界人方は、見事な品々を造り出すことが出来、霊界の各所で大いに役立たれているのです。

装飾品の色には使えない色があり、「神そのもの」の「御霊の色」は決して使うことが許されていないのです。緑色、紫色、薄紫色、オレンジ色、黄色、桃色、赤色、白色は使ってはならないのです。


本来であるならば、霊界の世界でも上へと昇格の想いを馳せねばならないのですが、この楽しさを思う想いを生きることであると思うのであれば、その世界で生きられるのです。

「御霊」には寿命があり、上に昇格すればするほど命が長らえ、景観も全く違う世界での暮らしとなり、そのために、日々精進することを思わねばならないのですが、全ては強制ではなく「御霊」の自由なのです。

人として生まれるために

なぜ、人として生まれさせねばならないのであるか！
このことを予《あらかじ》めお話ししておかねばならないと思うのです。神々様への確認とお許しの元にこのくだりを進めていきます。

神の世界で「人の御霊」が創られ、およそ千六百年の間、宇宙大旺様《うちゅうだいおうさま》の御膝元にある「命生界」で保管され、その後「優秀な御霊」が人として生まれることになるのであるのです。

『人として生まれさせ、さらに霊界で生き抜いていける「御霊」だけを、神の世界で保管し、育成しているのである』（宇宙大旺様）
と申され、そののち、天の大神様の要請を受け、人として生まれるための省庁の管轄の元にさらに保管・管理されるのであるのです。

これらの「御霊」は、必ず強制的に人の世の中に生まれさせるのであるのです。人には心があるため、思う想いの深さを培えるからなのです。

この、新しい「御霊」は人の世の中を生き抜き、様々な体験と思う想いの体験を培いながら、それぞれ帰ってくるのですが、御霊によっては大きな「糧」を培えた「御霊」もあれば、体験不足の「御霊」もいるのです。

人として初めて生まれた「御霊」は、皆一様に霊界3に帰るのですが、霊界3は高さの層が厚く、下の世界に近い所に帰る「御霊」もあれば、霊界3の中層部付近に帰れる「御霊」もあるのです。

昇格は、必ずどの「御霊」も霊界3から始まり、ここから、「御霊」の住む階層がスタートするのですが、霊界の中は想いの世界であり、思い方によって自分の「御霊の色」が変わっていくのです。上に昇るには、必ず「御霊の色」が重視され、いかに明るい澄んだ輝きのある「御霊」になれるかが「鍵」なのです。

霊界で「御霊」が精進するのは大変なことであり、「御霊」には「心」が伴わず、想いだけの世界であるために、周りの「御霊」の想いの色に染まりやすく影響を受けやすいのです。

自分の意志や自分の想いがなかなか定まらず、悪巧みをするような「御霊」があれば、それが正しいものと思い込み、判断の能力に欠けてしまうのです。

人の世の中で培った体験は「自己確立」をすることが出来、霊界に帰ってからも大いに役立つのです。

そのために、若い「御霊」や霊界の「御霊」は最優先に人として生まれることの「認可」となるのです。その「認可」は通常、霊界3から神霊界3までとされているのですが、人の世の中を成長させ、平和とさせるには、特例として神霊界の高い所から生まれさせるという配慮もなされるのです。

時には、神霊界8の中層部からも神界9の下層部からも生まれさせ、特にお役目を持たされることはないのですが、あちらこちらに点在するように高い位の「神霊」を人として生まれさせているのです。

この、人の世の中に生まれるということは各「御霊」にとって、そう何度もあることではないのです。最高で十三回までとされているのですが、ほとんどの「御霊」は七回から八回ほどであると申され、優秀な「御霊」はこの回数に満たないで、さらに上（神霊界4）にまで昇格してしまうとのことなのです。

このくだりは、さらに神々様にお許しを得たのちに続けたいと思うのです。

さらに、このように申せと、お許しとご指導がありましたので記させていただきます。

『人の世の中に生を受け、一人で生まれると思う想いの者達が大勢いるのであるから、また、どれほどの「みはからい」の元で自分が生まれたのであるのかを知らねばならないのである』

『そのために、このことを申しておかねばならないのである』

と申された宇宙大旺様《うちゅうだいおうさま》の「みことば」であるのです。

宇宙大旺様は、生まれる「御霊」の寿命を司《つかさど》られておられるのです。

さらに、

『人の肉体が滅びたのちに、誰しもが必ずこちらの世界に帰らねばならないのである。そのためには、天からの「みはからい」をどれほど自分のために取りはかられているのかをも、知らねばならないのである』

と申されたのであるのです。

この、肉体を終えて帰るまでのことは前の方で書いてありますので、再度読まれたら良いと思うのです。

霊界で暮らせば暮らすほど、大勢の「御霊」達は思う想いの世界の中で不自由を感じるのです。特に、霊界に長くいて、少し上に昇り始めると何もかも自分でやらねばならないことが多くなり、想いのエネルギーで「物を造る」その思う想いの思い方で苦慮するのです。

上の世界の「御霊の想いの管理」という省庁から派遣された「神霊」（神霊界7）の指導も時にはあるのですが、思い方が分からない、理解出来ないことなど、難しいようです。

そのような時には、その部署の「御霊」の方から「人として生まれてみては如何か」との助言があり、その指導の元に天のある機関に届け出をするのです。

また、何度か生まれた経験のある「御霊」は、もっと様々な想い方を培えるようにと願い、上の位を願い自ら生まれさせていただきたいという想いをするのです。

霊界3から霊界4に昇格するまでは、およそ三百年かかるのに対し、人として生まれて培ったものが多ければ、僅か八十年ほどでその昇格を成すことになるのです。

●恋愛・結婚について

霊界や天体の中で、常に恋愛の感情は自由ではあるのですが、人間界の結婚という形態はないのです。

結婚に似た形は、常に「女神霊」は「男神霊」の左隣にいるのですが、「霊体」や「御霊」の中に入ることは許されず、常々一緒にいる状態なのです。

住まいは、霊界では同居の場合もあるのですが、神霊界ではこの同居は許されていないのです。

神霊界の下の世界（神霊界４まで）は、常々一緒に行動することがあるのですが、上の世界では任務が忙しく、常日頃一緒の行動は困難であるとのことなのです。

●仏壇や墓について

仏壇や墓には、「御霊」達にとって、特別な想いがあるのです。

特に、迎えを待つ「霊体」にとって、天からの迎えは、仏壇がある場合はその場所で待つとされているのです。ない場合は、表あるいは玄関で、となるのです。また、お盆の時には必ず仏壇のある場所へといったんは下りるのです。

墓は「彼岸」などで子孫の「墓参り」には上から覗くような想いをされて、自分の子孫のことを思われているのです。

先に逝かれた先祖の方々は、皆自分の子孫のことを心から思うのです。

子孫の危険を察知された高い位の先祖の方は、自分の子孫を必死で守ろうとして夢を見させようとしたり、心が落ち着かない状態にして知らせてくれたりすることもあり、それは常々自分の子孫を案じ、思うからこそなのです。

先祖で、上の階層に昇られておられる「神霊」の場合は（神霊界７以上）、およそ三日後のことが透視出来るとのことなのであるのです。

このような時は、先祖の方々は総出でなんとかして子孫に知らせようと神の許しを得て努力するのですが、なかなか人には通じないために苦慮されるのです。

不思議な体験をされた方も多いと思うのです。また、このことをも告げて欲しいと「御霊」の方々からの想いを受けたのですので、ここに記させていただきます。

「立派な仏壇や墓でなくても良く、思う想いのなかのことで良いのですから、それらがあれば想いの拠り所となりますが、また思う想いが深ければ、必ず通じるものなのです」

という「みことば」を常々受けるのです。

霊界と特殊な霊界

霊界1

この霊界の下から上までの五段階のうち、最も低い場所（人間界の足元）であり、その数センチ上には、良からぬ「御霊」の集団が大勢いたのです。

このことは、今まで明かすことは絶対に許されることではなかったのですが、この世界をつい最近に払拭《ふっしょく》を致したのです。

平成二十八年七月十六日の夕刻をもって、中心的存在の「悪御霊」を根絶やしと致し、「神そのものの世界」より大勢の神々様が「ご降臨」され、また地上に派遣されておられる「長《おさ》の神様」方と勇気ある「御霊」の方々とによってその世界の払拭となったのです。

この日は、この私も大変で、大変で、大変でした。

この霊界1という世界は、「御霊」の暮らすような所ではなく、全く意志をもたない「御霊」がその場所で寿命を終える世界であり、また下（地獄）の世界から這い上がってきた「御霊」が上に上がる通り道の通過場所なのです。

木もなく、草もなく、薄明るい場所であっても石ころだらけの広野が延々と続き、ひたすら下を向いてただ歩き続けている「御霊」が列をなしているのです。

あちらこちらに、下から上がれた「御霊」がポツンと一人でうつむき加減でいることもあり、あの「御霊」が下の世界から這い上がったのだと分かったのです。

ここでの「御霊の寿命」は三百年とされているのです。

霊界2

この世界では、なだらかな丘があり、枯れ木があり、小石の上を同じ色の服を着た「御霊」が列をなして下向きにただ歩くだけの世界なのです。自らの意思を持たず、大きな円を描き、ただ歩いているだけで寿命を終えてしまうのです。

この場所も、下の世界から上に上がるための通過場所であり、時折その場所で休憩をとる「御霊」もいるのです。この場所までは、人の世の中に生まれるということは決してないのです。しかしながら、不可思議なことがあるのです。私の祓いのなかで、途轍もなく素直で行進を組み、言われた通りのことはそのまま、真っ直ぐに素直な想いを持ち、列を乱すことなく行進し続ける「御霊」達がいたのです。この「御霊」達はどこからやってきたのかが分からないのですが、このような「御霊」もこの場所から来たと申してきたのですが、ある「輩《やから》」の集団による洗脳のためにこのこととされてしまったことが、神により発覚したのです。

ここでの「御霊の寿命」はおよそ千年とのことです。この場所に下りてからの寿命なのです。

人の世界から帰ったばかりの「御霊」が自らの思う想いでこの場所に来ることがあるのですが、たいていは、この場所から自分は始めなければならないと思う想いがあり、その場所から上への昇格の想いを持ってやり直しをするのです。なかにはそうした正常な「御霊」もいるのです。

霊界3

ここは、大勢の「御霊」が暮らし、途轍もなく素直な「御霊」達が多くいる場所なのです。時折想いを馳せ、その素直さに思わず救われる思いを致します。「御霊」達の想いに触れた時、その想いや意見がとても参考になるのです。

この素直な「御霊」達の指導をしている「長《おさ》の霊界人」の方がおられ、人の世の中では考えられないほどの素直な想いを継続しながら生活が成り立っている世界であり、この指導されている霊界人の方には頭の下がる思いを致します。

霊界には、神の世界の中のある神により暖かなエネルギーが放出され、そのエネルギーを受け取るためには、この素直な想いと感謝の想いで神からのエネルギーをより多く頂けるのです。

時折、そのエネルギーを霊魂にいっぱいに受け取ると胸の中央の明るい色の丸い「塊」が徐々に大きく膨らみ、やがては「霊体」の中に充満するのです。

一人一人がまるで、通常見る「霊体」とは異なって暖かなエネルギー体として一瞬映るのですが、そのように有り難い暖かな安らぎのエネルギーを受け取り、元気がみなぎるとのことなのです。

このようにして「御霊」の想いの健康と、「霊体」の健康を維持され、皆が平和で想いの深い暮らしを願い、さらに上に昇格出来ることとなるのです。

霊界3では、初めて人として生まれ帰ってきたばかりの「御霊」と、何度か生まれ変わり帰ってきた「御霊」と、数千年の間この階層で暮らす「御霊」とが共存し、さらにまた、人として生まれ元の居場所へ戻るために、この世界から上へと昇るためにいる「神霊」もおり、多種多様の賑やかな世界なのです。

霊界と神霊界では、「霊体」そのものが違い、霊界に留まることは職務を持たれた「神霊」以外には許されないのです。

人の世の中で荒っぽく生きてしまった「御霊」は、この場所から上に昇格するのは難しく、人であった時の晩年の頃には、感謝の想いを持つことが出来ることがいかに大切なことであるかを時折思うのです。

人の世界で年齢を増したら特に、周囲への感謝の想いを培えればこの昇格は困難ではないのです。


霊界の中では、神霊界へと上がることを思わずに、霊界の最上階へと昇った優秀な「御霊」であっても、それ以上の昇進を思わず、その場所を愛し、その霊界の場所で暮らす「御霊」も大勢おられるのです。

ここでの寿命はおよそ二千八百年から三千二百年くらいとされているのです。


この世界は、高さの層が厚く、下の世界の霊界2に近い所から上の霊界4に近い所までが霊界の層の半分を占めており、その生活もまちまちなのです。

山や川や草木も茂り、普通の人間界の景観のようにそれぞれの「御霊」の暮らしが成り立ち、霊界の決まりを守りながら、ある程度は個々に自由に暮らせるのです。

霊界3ではその移動範囲が三百メートルとされ、霊界の上層部に昇格すればするほど、その移動出来る範囲が広くなり、移動方法も異なるのです。

移動の際はほんの僅か一・五メートルほど「霊体」が浮き上がり、歩いては飛び、また歩いて飛んで、という移動の仕方なのです。

このような移動の方法で、時には自分の友人達と野山への散策を行ったり、友人の所に訪れたりと、決まり事のなかでは自由な暮らしをしているのです。

ここにはたくさんの霊界人がおり、長く住む「御霊」はそれぞれ自分の住む家を造り、その中で生活を営んでいるのですが、この住まいは各自の能力の差で家とも思えないただむしろで囲っただけの粗末な居場所であったり、形がある家らしき所で住んでいたりとまちまちなのです。

地域ごとに、村が形成されている所もあり、その村の中心に村長《むらおさ》の家があり、村に組している霊界人は皆協力し合って長屋の家で暮らしたり、和気藹々《わきあいあい》と楽しく暮らしているのです。

大きな村では、村の中央に広場が設けられ、その隣に村長の家があるのですが、この形態はどこも同じようです。

また、村に与《くみ》せずに孤独を好む霊界人は、山のふもとや、村の外側に自分で住まいを造り、人であった時の想いのなかで、自由な生活をしているのです。

初めて霊界に帰る「御霊」には、帰り着いた場所で、霊界の３から暮らしが始まることや、霊界の決まり事や上の階層（霊界４）への昇格の想いをすることの指導があり、その想い方の方法の教育を受けるのです。

そのために、帰ってきたばかりの「御霊」は、およそ百五十年くらいで霊界３の上方への移動が出来、数年で上の階層に昇格する「御霊」も多くいるとのことなのです。暮らしに慣れてしまった「御霊」達は昇格に三百年という長い期間がかかってしまうこともあるのです。

上に昇格すると、「御霊の寿命」が長らえ、景観も美しく色々な物を造り上げることが出来るのです。

上に上がれば上がるほど、「御霊の色」が変わり、明るさを増すのです。ここではグレー色なのですが、霊界3の上の方になると少し明るいグレーになるのです。この「御霊の色」は昇格には欠かせない条件なのです。

また、短期間で昇格出来る方法として、人間界へ生まれさせることを最優先にこの場所は最優先で認可が下りるのです。

霊界の中で、なかなか思い方が分からず、昇格が遅れてしまっている「御霊」達のためには、人の世の中で生まれ生きることが早道であり、人間界で切磋琢磨して生きた経験が糧となり、帰りついてただちにその上への昇格となる「御霊」が多いのは、この階層から生まれた「御霊」の方々だからなのです。

霊界で三百年もかかるのに対し、人として生きることの僅かな年数でそのことが叶うのですから、人間界で生きることを願う「御霊」が多いのは、当然のことなのです。

時には、天の「みはからい」により高い位から生まれることも多々あることはあるのですが、特別な神々様の「みはからい」による特殊な例なのです。

霊界3は、昇格したいと思う「御霊」と、全くそのことを思わないでいる「御霊」とそれぞれなのですが、これも各自、自由なのであり、その代わり、その寿命は延びることはないのです。

ただ、その場所で心穏やかに、親切に霊界の平和と安寧のために尽くした「御霊」は、当然のことながら明るい「御霊」となり、自動的にその寿命も長らえ、霊界3の上方に上がれるのです。

「御霊」の資格は霊界3であってもその場所が気に入ってその場所で暮らしたいと願うのであれば、そのことは許されるのです。

このように長いこと暮らしている霊界人の方は、村の「長《おさ》」となったり、その周辺の中心的存在となっていたりもしているのです。

霊界4

この場所こそが、霊界そのものと呼ぶのに相応しい所ではないかと思うのです。

ここでも、大勢の霊界人が暮らし、街や村が区域に分かれ存在しているのです。

建物が所どころに立ち並び、山並みや草原、お花畑があって人間界以上に色や景色が美しく、少し広い区域での「御霊」同士の行き来が許されており、固有のような居場所が決められ、その場所では各自、自由に花を植えたり、友人と想いを通わせ、楽しく暮らしているのです。

自分の家を持つ「御霊」がほとんどであり、この世界であれば色々な物を造り出すことが出来、能力の差があっても日常に困らない物は造れるのです。

自分の家、家具、調度品、服、履物や小物などを造り出し、友人達と交換したり、お茶したり、野山への散策に出かけたりと羨ましいくらいに自由に暮らせるのです。

自由とは言っても、絶対犯してはならないという厳しい決まり事があり、その範囲内での自由なのです。

絶対に犯してはならないうちの一つとして、造り出す物のなかで「色」の制約があるのです。その色とは、紫色・赤・橙色・緑・金色・桜色・浅黄色・なす紺色・桃色であり、使うことも造り出すことも絶対に許されないのです。

これらの色は、大気圏より上の上のその上の宇宙の彼方にある「神そのものの世界」の神々様の「御霊の色」なのであり、霊界・神霊界では絶対に固有に使うことは出来ないのです。

この私が祓いの時に使う「華の花棒」という神具があるのですが、この「華の花棒」

の色は、私の所に「ご降臨」される神々様の指定の色なのです。

さらに服装は、スカートは良いがミニスカートは駄目、タンクトップは駄目など、要は奇抜な物はお叱りとご指導を受けるのです。

先ほどの色以外であれば、多色使いの洋服は許され、それなりにおしゃれを楽しみ、作品を褒め合い、造り方を教え合い、和気藹々《わきあいあい》に暮らしておられる世界なのです。

人間界で培われた得意のことが出来る「御霊」は、大いにもてはやされ、霊界の美観のために起用されたりもするのです。

職人であったり、服飾デザイナーであったり、植木職人であったり、農業の方も、縫製業の方も、陶芸家の方も、培ったことは、霊界移行後に大きな財産を手にしたように生かせられるのです。


移動は、最大でおよそ三十メートルの高さで三メートル先まで飛んで移動出来、下の霊界3とは違って移動距離は限られてはいても、遠い所への散策も可能なのです。

さらに、下の世界（霊界3）への移動・訪問も出来、時には下の世界にいる友人・知人・自分の家系の「御霊」達との交流も叶うのです。

霊界4では、移動距離は自分の場所から十キロまでとされているのです。全て「御霊の登録」がされ、把握されているために、ここの世界でも「御霊」の居場所は常々確かにしておかねばならないのです。

上の世界からの「神霊」の「御霊」からの訪問があり、さらに上への昇格のための指導も行われるのです。

このお役目を持たれる「神霊」の方は、神霊界7の「二神霊」の方々なのです。この「神霊」の方々のお役目は重要であり、上への昇格は「御霊」の質を高めることであり、天の安寧に繋がるのです。

思う想いの「思い方」の指導や、上の世界へといざなう想いは、なかなか大変であり、その場で満足してしまっている「御霊」を指導していく訳ですので、ご苦労されているようです。


広範囲に小高い丘や山があり、川も流れ、花も咲き誇り、色が鮮やかで美しく、上方になればなるほどさらに美しく爽やかなのです。

霊界の中では、どの「御霊」も最初はこの場所への想いを馳せているのです。

ある程度の自由があり、自分の思う想いを育むには、また、快適に暮らすには、この霊界4の場所が一番良い場所ではないかと思うのです。

「御霊」の向上は天の安寧に繋がることになるため、いかに早く「御霊」を向上に導くこととなるのかということで、そのために、草原の中に「沐浴《もくよく》の森」と呼ばれている所を創られたのです。

この「沐浴の森」の中に、自分の姿や、「御霊の色」を映す鏡のような湖があり、昇格を目指す「御霊」にとって欠かすことが出来ないのです。

その場所で自分の姿を見ながら昇格への想いを馳せるのです。この「沐浴の森」の中にある湖は、この霊界4の場所に設けられ、この場所には、上の霊界5に暮らす「御霊」も、神霊界へ移行した神霊界1と神霊界2の「御霊」もこの場所を訪れ、自らの「御霊」や「霊体」の姿を確認し、自らの「御霊の管理」を行うのです。

また、この「沐浴の森」は、神霊界にも存在し、神霊界3、神霊界8と「神そのものの世界」にも存在しているのです。

この場所に「御霊」が訪れると、思う想いの思い方により、その姿が変わり、どのように思うのであれば自分の姿や、「御霊の色」が変わるのかを確認出来、思い方で次々と変化していくために最良の姿の思い方を確認出来るのです。

霊界4の場所では、湖というより「池」という言い方の方が正しいと思うのです。この「沐浴の森」は、上に行けば行くほどこの水面が金色に輝き、美しい景観の中で、その姿を確認出来るのです。

自分の住む階層より下の世界には行けても、上に上がることは全く出来ないために、この「沐浴の森」は階層の違う「御霊」が集まる唯一の場所であることから、時には先輩の「御霊」の指導が頂けることがあり、あの方のようになりたいなどの目標となるので、毎日足しげく通う「御霊」も多いのです。

霊界5

霊界の最上段階であるこの場所は、霊界の中の平和で安寧な世界を保つために、国の機関のように行政を司《つかさど》る各省庁が実在しているのです。この省庁のことは、お許しがあれば詳しく書けるのですが、これもまた限られたお許しの範囲内と致します。

霊界での省庁は十三省庁あり、その上の神霊界の省庁は三十三省庁が実在しているのであるのです。

この霊界の最上階での最高責任者である長官の「御霊」の方は、宇宙神様《うちゅうしんさま》の所から神と同じ称号を頂き、特別な扱いがあるのです。そのなかで、一つだけ書かせていただきますが、ここでの最高位の長官は、移動する際は「ペガサス」を与えられており、どこにでも瞬時に詣でられ、そのお役を果たされるのです。

霊界は、限りはあるのですが途轍もなく広く、「御霊」達もある程度は自由なために、即座に移動しなければならないことが起きた時には、そのペガサスに乗り、側近とともに現れるのです。

この最高長官は男神様であり、側近の数は左側に「七神霊」、右側に「七神霊」を伴われ移動されるのです。側近の「神霊」の方々の移動は、瞬時に霊界の中で移動出来るためにペガサスに乗られた長官とともに付き添われるのです。

このなかに、神霊界より下りた大変勇ましい側近がおり、常々長官の左隣で様々なお役を果たされておられ、その勇ましさは霊界でも有名であったのです。この「神霊」の方とは、私も面識があり、「女神」であっても全く「男神」と間違えるほどの勇ましさを感じ取れたのです。


この場所へと上がることが出来る「御霊」は、さらにその上の神霊界への移行の道もあるのですが、そのままこの場所に残る霊界人も多くいるのです。

ここでは、街並みが形成され、建物も一戸建てから七階建てもあり、役所がここでは設けられているのです。ここでの役所は、各省庁の出先機関のような所であり、様々な申請書の受付場所となるのです。


この場所で長い間暮らしている霊界人と昇格したばかりの霊界人との「能力の差」が大きく、ここでは多くのことを学ぶことが出来、やがては霊界の各機関への役割を担うこととなったり、さらに「御霊」の精進に励むことも生きがいのように思う「御霊」も多いのです。

ここには、上の神霊界からの任務を持った「御霊」が多く下りてこられ、また神々様も「ご降臨」されるのです。

霊界にも大聖堂が存在し、天の大聖堂とともに、主に会議や授与式が行われるのです。神霊界の大聖堂は西洋式の建物なのですが、霊界の大聖堂は日本建築が中心なのです。ここでの会議の中心には、時折、宇宙神様《うちゅうしんさま》が出席なされ、厳粛に案件の処理をされるのです。

霊界の運営のためには、この場所で優秀な「御霊」が各省庁でのお役目の任務に抜擢され、さらに神霊界より神の任命があり、「御霊」の方々の絶大なる能力を発揮されておられるのです。

ほんのさわりですが、その省庁の主な役割だけを大まかに書かせていただきます。

司法省庁・建設省庁・書籍省庁・人の迎えの省庁・人に生まれさせるための省庁・服飾省庁・農業省庁・清掃省庁・礼儀作法の教育省庁・景観省庁・神々様のスケジュール把握の省庁などなど。

この省庁のなかでも、また分かれた部門があり、人の世の中と似たような働きがあるのですが、ただ、全てにわたり「報酬」がないのです。霊界・天体では、全くお金は要らないのであり、お役目を果たす喜びが自らの「御霊」の精進となるのです。

野山への散策などの時には、手作りの物を皆で持ち寄り、それらを愛でながら、時には食材などをも持ち寄り、お茶をしたり人間界と同じようなことを楽しんでいるのです。

霊界では、「食す」ということは全くないのですが、その想いで品々を造り、それを持ち寄り、帰る頃には消えてしまうのです。「御霊」達には、ほんの僅かな水分が必要なだけなのです。

この霊界5の場所までは、「神そのものの世界」から神によるエネルギーの放出を受け取り、そのエネルギーで生きていられるのです。

神そのものの神々様は、おのおの独特なエネルギーを持たれ、さらに神々様特有の「技」を持たれておられるのです。人の「御霊」は、そのエネルギーを受け取るだけで、放出することは出来ないのです。

霊界の5まで昇格されている「御霊」は、それぞれの能力が多大であり、独自の得意とするものが多々あるのです。

各省庁でお役に就かれている霊界人の方々は、昇格される際に宇宙神様《うちゅうしんさま》の所より三十の技を頂けるのです。また、霊界の頂点まで登られた「御霊」の方のなかで、「神そのものの世界の神」より特別に認められ、霊界の最高位の「長官」と「側近」の「御霊」は、神同様の待遇があり三百三十の技を持たれ、側近の十四名の「御霊」も三百の技を授かっており、霊界の安寧のためのお役目を果たされておられるのです。

ここでの、一般の「御霊」の寿命は四千年とされており、各省庁のお役目を果たされておられる「御霊」の方々は、その寿命はその限りではなく、三万年、八万年、三百万年という長い「寿命」を頂き、霊界の安寧のためのお役を果たされておられ、神霊界の神々様と同様な立場なのです。

霊界の最上階であるこの場所では、明るく、楽しく、朗らかに暮らし、高い山や、小高い丘、草原、透き通る湖水、林、お花畑、小川など、霊界人の方々が楽しく集う場所が多く創られ、小動物（トンボ、蝶、十一種類の昆虫）もおり、大きな建物の大聖堂の付近では、さらに美しく木々も草花も光り輝いているのです。

この大聖堂の周りには、七階建てのビルが建ち（上限の決まりがあり、ビルはそれ以下）、一戸建ての家があり、綺麗に整理整頓された街並みであるのです。

街より少し離れた所には村が存在し、その村には「長《おさ》」という、村長の役割をしている霊界人の方がおられ、その村の中心に広場が設けられ、その隣に「長」の家、皆の集いの場所（集会場）があり、「長」の家と広場を中心に円形状に「御霊」の住む家が建てられているのです。

この「長」の方の権限は大きく、村人達の想いの管理や指導がされ、ここでの村の中のそれぞれの家は一戸建ての家がほとんどであり、下の世界の長屋の村とは大きく違うのです。

街も村も整然と立ち並び、綺麗に整理され、皆明るい「御霊の色」（明るいグレー色）を致し、なかには、神霊界の「御霊」と同じ色（白）をしている「御霊」もおり、周囲への思う想いが深く、楽しみながら暮らしているのです。

ここの場所まで昇られた「御霊」は、思う想いのエネルギーも強くなり、霊格も備わりアイデアも豊富に湧き上がり、家や調度品や洋服や装飾品も優れた物を生み出すことが出来、造った物も長く存在するのです。

思う想いのエネルギーで造り出す物は、想いが強ければ強いほど長い期間存在し、想いがなくなるとその物は薄くなり、やがては消えてしまうのです。薄くなり始めた頃には、また、強い想いを思い、その品々に想いをかけることにより、さらに鮮やかにさせて物の存続とするのです。

家の周りに植えた花を輝かせて、いつまでも咲かせておけるのは、その花への愛情の想いと常々思う想いで育てているからなのです。

人間界では、植物や果樹などは、肥料や水がなければ枯れてしまうのですが、霊界では全てが思う想いのエネルギーなので、いかに想いを強く思うかということと思い方で全てが決まるのです。

霊界の世界を美しく綺麗にするために、神により、また上の「神霊」の方により、景観が創られ、その近くには花壇や花畑なども創られ、美しく保つためにはその場所に暮らす霊界人の方々の奉仕の一環によって美しく咲かせておくために、皆その花を愛でる想いのエネルギーを常々思い、その美しさを保っているのです。

そのように、花にたとえれば、常々美しく輝いて咲いていることを願う想いを霊界人全体で思うのであれば、永遠に近い状態でその花が美しく保たれるのです。

霊界では、このようにして美観を保ち、時にはもろもろの神々様や上の世界の「神霊」の方々の手助けを頂け、さらに大きな建物や美しい景観も保たれ、霊界の世界全体でこの美しい世界を大切にされておられるのです。

この場所にいるのは下の世界から上がってこられた霊界人ですので、その想いの技術は皆習得されており、そのために美しい景観が存続されるのです。

時には、上からも神そのものの神々様が「ご降臨」され、その際に「神霊」達と総出で神のエネルギーをさらにかけていただけながら、その輝きをさらに増すのです。霊界人の方々の想いの努力と、神の「みちから（御力）」の賜物なのです。人間界では、考えられないことばかりなのです。

果樹園や菜園がこの場所にあり、大聖堂での宴の催しの際に使用される食材が作られているのです。

大聖堂の隣に天の厨房（霊界の厨房）が存在し、神々様が集われる際に「宴」が催され、丹精込めた食材で真心込めた料理が作られ、美しく花が飾られ、日頃の努力が実を結ぶのです。

この、思う想いのエネルギーで「物を生み出す、造り出す」ということは、途轍もなく大切なことであり、欠かせないことなのです。

このことは、霊界人は皆生活の暮らしのなかで培い、昇格するごとに腕が上がっていくのです。

このようなことで、この私にも「神の世界の修練（修行）」のなかで、この「無から有を有する」という章が用意され、想いのなかで様々の物を造り出す修練の時は毎日が大変でした。

この章は、第百十三章という修練の中盤の頃の課題であり、さらに三百三十三章でも同様の修練を致したのです。毎日がこのことで明け暮れの日々でした。このことで、今の土地や家の祓いの時に役立っているのです。

この祓いの時には、その土地にいる「霊体」の願いの品々を人間界の現物で供えるとともに、癒しのエネルギーで「御霊」を癒し、現物の供え物と同じ物を想いのエネルギーで造り、捧げるのです。

「霊体」の方々は、人からの想いを人間界の食材などで受けて癒され、それと同時に私が造り出した同等の物で「霊体」の方々の想いを満たしていただき、満足していただけたのであればその祓いは終了となるのです。

この「無から有を有する」という修練は、今でもこの私にはとても難しく、まだまだ未熟なのです。これは、生涯の課題であり、そのことが肉体の亡き後に大いに役立つことと申され、日々の修練と致しているのです。

この階層での移動は、飛んだり走ったりでの移動となり、高さは七メートル、一度の距離は三十メートルが許され、各省庁で任務に就かれている霊界人の方の場合は、高さは百五十メートルとされ、距離に関係なく思った場所へ猛スピードで移動されるのです。

霊界3では百三十五センチとされている「霊体」ですが、霊界でのこの最高位になると百六十センチほどに大きくなるのです。

たった今、神様よりのお許しがあったので、このことを書かせていただきます。

霊界には十三の省庁があると、先にお話し致しましたが、その省庁を統括する「最高位の省庁」が存在しているのです。その省庁は「統括省庁」と呼ばれ、この場所の最高位にある「御霊」は霊界の神の位を持たれ、宇宙神様《うちゅうしんさま》より三百三十の特別な技を頂き、大いにその「みちから」を発揮されておられるのです。

また、前述したようにペガサスを授かり、あっという間にあちらこちらに移動なされるのです。ここでは、この男神様である長官と側近の「男神霊」の十一体と「女神霊」三体、合計十四の「神霊」がお役目を果たされ、瞬間移動のお許しによって、何かことが起きたなら直ちにその場所に向かえるのです。

神より授かった技は本人のみが使用出来るのであり、他の「神霊」や霊界人は決して使うことは出来ないのです。

特に、長官のペガサスは、純白で美しく輝いた「光り輝く白色のペガサス」を授かっているのですが、今後は側近の「御霊」の方々にも「白色のペガサス」を授けられるとのことなのです。

側近の方々は思う想いが強いため、ペガサスがなくても長官のおそばで素早く移動出来るのですが、単独で行動される際に一目で分かるようにと授かるのです。

この側近の方々は霊界人のなかの最高峰の優秀な「御霊」であり、側近のなかには三体の「神の御霊」がおられ、皆、憧れの的の方々なのです。

神霊界の「神」と霊界の「神」がおられ、人間界で太古の昔から言い継がれている「やをよろずの神」は、この世界では、「もろもろの神々様」という言い方をしているのです。

霊界での「神々様」は、別格の地位であるのであるそうです。この別格というのは、本来であるならば神霊界の神として働かれるのであり、特別に霊界まで降りられているからであるのです。

自由に暮らせる場所として生きる霊界人や低い所にいる「輩《やから》の集団」に対処しながら霊界の安寧を保つには大きな苦労が付きまとうのであり、その労をねぎらう意味で（ペガサスを賜るなど）特別な配慮がなされているのであるのです。

この場所に昇った霊界人の方の「御霊の色」は明るいグレー色となることを思い、その色に近づいた「御霊」は神霊界への移行の推薦があり、本人の希望があればその手続きが行われるのです。

この場所の中の省庁で、上の世界（神霊界7）から派遣された「神霊」が、その任務をこなし、上に上がる霊界人の相談や手続きをしておられるのです。

神霊界への移行をするのには審査があり、許された「御霊」のみが移行となるのです。この審査を厳しく行うのは、上の世界（神霊界）では服装が統一されており、全員が白のロングドレス（神霊界1～神霊界3まで）となるため、「御霊の色」が白に近い色になっていなければならないのです。

女神様の「みことば」なのですが、審査の基準は、「御霊の色」はもちろんのこと、霊界での普段の服装をも重視されているとのことです。

神霊界への移行を希望する霊界人は、神霊界7よりお役目を持たれて霊界へ赴任されている「神霊」の推薦の元に、自らの希望とともに昇格の役所にその願いを届け出ねばならないのです。その後、上の世界より「神そのものの世界の女神様」二神・霊界の長官・側近・昇格省庁の「神霊」の二十「神霊」の方々との面談があり、その許しの元に神霊界へと昇る「認可」が下りるのです。

神界では厳しい制約があり、各階層の服装はもとより「礼儀作法」と周りへの配慮の想いが備わっているかなどの指導の下に日々の暮らしが成り立つのです。

日頃、この私は人の身体に宿している「魂」を見る時、この人は、どこ（霊界からか、神霊界からか)の、どの位であったかを確認するのですが、人の「魂」は「霊体」と「幽体」の中にあるのです。

そのために、「霊体」の姿が分かるのです。相談者が訪れた際に、神々様のお許しを得て、その人の「霊体」の姿を描いて差し上げることもあるのです。

霊界で日々の服装を楽しむことを唯一の生きがいのように思う想いでいる「御霊」であっては、神霊界での統一された服装にはなかなか馴染めず、そのために普段の服装をも重要視されるとのことなのです。

この神霊界への移行は、準備が整い次第行われるのですが、その間お世話になった方々への別れの挨拶や、身の回りの整理を終え、その後に、お役目を持たれた「神霊」とともに十次元にある神霊界の世界へと昇進となるのです。

霊界人から「神霊」となる「御霊」は、一様に想いを躍らせ、希望に想いを馳せるのです。

また霊界の「人の迎えの省庁」では、人間界で災害が起き、大勢の人々が移行された時に、この場所からも任務の派遣となるのです。

特殊な霊界

この「特殊な霊界」のことを神々様のお許しの範囲内と、その世界に住む「御霊」の承諾の元に書かせていただきます。

神霊界3の北北東に実在する、この「特殊な霊界」は五ヵ所あり、「美装飾界」「濁王界」「夜叉界」「無双界」「無限界」と呼ばれる世界であるのです。最近になって、平成二十六年九月三日の天の全体会議のなかで、以前の「魔界」という世界の名が「美装飾界」という呼び名に改まることと決まったのです。

人の世の中で様々な経験と生き方で培ったことは、向こうの世界では全て忘れての暮らしをしなければならないという決まり事があるのです。

ところが、世の中で精一杯頑張って一名を成した人や、芸能や服飾関係で抜群の腕を発揮した人や、恋愛に夢中で生きがいとしていた人や、孤独で全く一人で誰とも話したくない、という想いが強い霊界人がおり、この場合、この想いが強ければ強いほど、霊界・天体で生涯を生きるということは苦痛であるとの強い想いがある「御霊」となって、すでに肉体の亡き後でもそのことを忘れられず、人であった時と同じ生きがいを求めてしまい、通常の霊界で生きることが難しく、そのような「御霊」の住む世界なのです。

この世界にいるのは、どの場所も皆同じ意志を持った「御霊」の方々なのです。

この世界の中のことを、ほんの僅かですがお話ししていきたいと思うのです。

●美装飾界

この世界では、皆美しく着飾り、思い思いのなかで、それぞれのファッションを楽しむのです。衣装がとても美しく綺麗で、素晴らしいのです。

この世界の中で、最も美しい「ぼたん」さんが、この私の元に、地上二メートルほどの高さで北東の方向の山裾から右手に扇子を持ち、スーッと滑るように優雅にやって来たのです。日本髷においらん姿で途轍もなく美しい衣装をまとい、手にした二本の扇子を広げ、優雅に舞ってくれました。

この通称「ぼたん」さんは、この私の住まいの近くまで来られ、その舞を舞い、この私にも同じ舞を舞うようにと言われ、おどけて真似てみたものの、ハッとして我に返った際に「もしかして、悪霊？」かと思い、なぜか私の持っていた扇子を投げつけてしまったのです。

頬に少し傷をつけてしまい、泣きながらあの世界へと帰ってしまいました。当時、まだ「神の世界」へは専属に入っていない頃のことであり、この「美装飾界」のことを無知だったために、分からなかったのです。

その後、「ぼたん」さんとのコンタクトが取れ、お詫びに「振袖」を造って差し上げたところ、私の造った着物は着られない！　全く美しさに欠けた未熟な着物であると言われ、「人間界で、もっと美しいものを見て、その美しさを養ったら良い」とのアドバイスを頂いたのです。

確かに、どのように造ったら良いかまだまだ駆け出しの頃であり、今の今も手の込んだ美しい柄や色や服は全くと言ってよいほど造れないでいるのです。

お祓いに使う食べ物などはなんとか未熟ながら造るのですが、あのようなおいらん姿の着物は全く手が届かず、私の一生の課題なのです。


ここの世界では、糸を紡ぎ、染色、デザイン、縫製のようなことまで全てをこなし、見事に素晴らしい服を造られるのです。誠にもって自由な発想とアイデアが集結する場所であり、自分達で造った服や小物を愛で、この世界の範囲内であちらこちらに出向くのです。

美しい着物が造れるようになったら、「ぼたん」さんに差し上げたいと思うのです。

その時まで、コンタクトは取ることは出来ないと思い、人であるうちに修練し、お詫びの贈り物をしたいと思うのです。

このくだりを書いておりましたら、「ぼたん」さんからの想いを急に頂いたのです。「であるならば、いつ？」かと。今現在この私は頭を抱えてしまっています。三年後と答えました。

このように、この私が何をしていても、何を考え思っていても全てが向こうの世界には明らかになってしまっていますので、「嘘」や「隠し事」が全く出来ないのです。

●濁王界

生前、会社の社長であったり、世の中はこのようでなくてはならない、このことはこのようでなければならないなど、正義感が途轍もなく強く、世の中の中心人物や親分肌の方々の世界と思われたら良いのです。

この世界の中で、中心的存在であり、「親分さん」と呼ばれている霊界人との交流が四年ほど前にあったのです。

僅か二ヵ月間という短い期間の交流であったのですが、その「親分と呼ばれている霊界人」は、霊界人からの信頼が厚く、素晴らしい「御霊」であったのです。

当時、神の世界に入りたての頃、私の周りには大勢の「御霊」がひしめき合い、その親分までをも「悪御霊」と見てしまったのです。そのために、私の攻撃のエネルギーを使ってしまい大変失礼をしてしまいました。

その親分の身体も大きく、エネルギーも一般の「悪御霊」とは違っていたのですが、当時はこの私がもの珍しかったようで、この私の素性や、想いを調べられ、「天からのお役目のある者」として私のことが分かるまでは大変でした。

なぜこのエネルギーが使えるのか、なぜ言葉が分かるのか、なぜ神が「ご降臨」されるのか、「お前はどこの誰だ？」「どこからやって来たのか？」などと。

良い「神霊の御霊」もいれば、「面白半分」に騙しに近寄ってくる「御霊」もあれば、この私に嘘を教えて喜んでいる「御霊」もあり、大騒ぎだった頃でした。

その頃のことでした。集団で襲う「御霊」に対して使う技とエネルギーを、何も確認しないで勝手に使ってしまったことを深く反省し、お詫びに、何度かその親分の住まわれる世界へと想いを馳せ、訪問をしたのですが、その世界へは誰も入ることが許されず、この私も入口付近でその側近と呼ばれる霊界人に繋ぎを願い、やっとのことで三度ほど、ほんの僅かの会話を許されました。

「親分さん」と呼ばれているこの霊界人の方には、両端に七霊界人の側近がおられ、常に行動を一緒にされているのです。

この霊界人の方のことを、親分のお許しの元に少し触れさせていただきます。

この方の「御霊」は非常に明るく、神霊界8に匹敵するほどの「御霊の輝き」を持たれているのです。当時は、この「御霊の色」の確認もしない頃でした。

霊界での寿命は決められてはいるのですが、この親分のように常々周りのことを思い、「濁王界」での平和を保とうとし、霊界人達のために思う想いは、自然と「御霊」の向上となり、明るく輝いているのです。

霊界の奥深くの北北東に位置しているこの世界でも、高さの幅は大きく、霊界5までの高さがあるのです。そのために幅の範囲は決まっていても、上方から下がることが出来、「御霊」が明るくなると浮上出来るのです。

この場所の位置付けは、霊界3にあり、寿命でいえば二千八百年とされているのですが、このように親分のような「明るい御霊」の持ち主にはその寿命は当てはまらないのです。昇格はないのですが、寿命は延びるのです。

親分さんは、実に三万年は優に越しているとのことです。

そのために、側近の方々も常に一緒の行動をとられるのですから、当然「御霊」も向上されているのです。

しかしながら、この「特殊な霊界」では上の神霊界への道はなく、霊界5の世界までの高さなのです。

これ以上は、この世界は書けず、また、この世界のこととの全てまでは伝えてはならないのです。

霊界人でも、中の様子は全く分からないのです。

●夜叉界

ここは、未だにこの私も立ち寄れず、脇道を通っただけのことで、決して寄せ付けない強いバリアを感じたために、今後も行ける所ではないと思うので詳しいことは、分からないのです。

この世界に暮らす霊界人との交流が一度だけあったのですが、この世界のことは霊界でも誤解が多いと言われておりました。

ただ、一人の人を愛する強い想いの想いが強烈だそうです。この場合は、上への昇格は全く出来ないのです。

この場所で互いに暮らすことになるのです。ここで暮らすのにも、この世界と神のお許しが必要なのです。

●無双界

ここも、未だに訪れたことがない世界なのですが、荒くれ者ばかりが住む世界であると知らされました。

しかしながら、決して人の世の中に出てしまうということはなく、この世界でのみ仲間と和気藹々《わきあいあい》と暮らしているそうです。

●無限界

ここは、何度も何度も訪れた所なので少しだけ、お許しの範囲内で書かせていただきます。

なかなか門を開けてくれる所ではないのですが、宇宙大旺様《うちゅうだいおうさま》であられる「はちすの大旺様」のお許しの元に、三十一回ほど訪れました。その際には、自分で造った手土産を持参するのです。

三度ほど奥の奥の方まで入ることを許されました。それまでは門の外側での挨拶で終わり、手土産は門の外に置いて帰るようにと言われ、中に入ることは、なかなか許されなかったのです。また、すぐ隣に岩穴を穿《うが》って広く造った住まいのような場所があり、その場所には「次期の統率者」の霊界人がおられ、その方の所にも毎回貢物を持っていきました。

天にいる「御霊」の方々より、この私の方が中の内容は詳しく分かるのですが、この場所も、多くは語れません。ここまでです。

●消滅界

ここでは、「御霊」の消滅ではなく、命を終えた「御霊」の「宝物」への想いが深い場合、「御霊」が寿命を終えて消滅した後もその物は数ヵ月も残ってしまうのであり、その残骸を消すために送る世界であるのです。

人の命の終わりには、「幽体」と「霊体」と「霊魂」が残るのですが、「御霊」の寿命が尽きてしまった場合は「消滅」であり、その姿そのものは存在しないのです。

大切に思う想いで携えていた物だけが長時間残るのであり、霊界や神霊界に存在してしまうために、この世界へ送って消滅させるのです。

「御霊の障り」と「霊障」（次回出版タイトル）

ここで、この「御霊の障《さわ》り」と「霊障」の違いのことを書くことに致します。詳しくは、この後に出版予定の本に書き進めております。

この世の中で、「霊障」という言葉は誰しもが聞き及んでいることと思います。まだ帰っていない「魂」が我々人間に対して想いを寄せ、さらにその想いが強い場合に時々肩が重い、胸が重苦しい、眠れない、金縛りにあうなどという症状がある場合はほとんどが「霊障」であるのです。この場合は、病気というほどの症状ではなく、しばらくするとその症状は軽減することが多いのです。

ところが、「御霊の障《さわ》り」は人の身体の中に入り様々な症状を起こしてしまい、その結果、医師の診断による病名まで付いてしまうということが多く、近頃ではこの「御霊の障り」による病気の七〇％が、「霊障」だとして巷では多く言われているのです。

実はこの病気の原因であるのは、「霊障」ではなく、「御霊の障り」であるのです。

先にも述べたように、まだ帰っていない「魂」でいる「霊体」は「御霊」ではなく、「霊体」そのものなのです。

問題は、すでに帰って手続きを済ませ三センチの「魂」を〇・三ミリの「御霊」に変えていただき、本来ならば霊界だけで生きることでなければならないとされる「御霊」が、天の決まり事を破って人間界に押し寄せ、人の身体に集団で入るという許しがたい行為をしてしまい、神々様の怒りを買ってしまうという行為を現実に行っており、そのために時には人が命を奪われてしまうという悲しい出来事が多発しているのが現状なのです。

いったいこのことはどのようなことであるのか。なぜ、このようなことが現実に起きてしまっているのか。

この私は、時々行う神霊治療の際には、ほとんどがこの「御霊の障り」によって病気とされてしまっている人々の治療に明け暮れているのです。

この「御霊の障り」を起こしてしまう「御霊」達のなかでも、助けてやらねばならない「御霊」も大勢いることも痛感しているのです。このような「御霊」達を哀れにも思うなかで、なんとしてもこの現実をなくさねばならないと思うのです。

「御霊」が人として生まれ、天に帰る際にこのような「輩《やから》化した御霊」に騙されて仲間入りしないように、この本の内容を把握していただきたいのです。

「魂」を「御霊」に変えていただき、元の居場所に戻る際にどの「御霊」であっても霊界3から上に昇り始める訳ですが、その際には一人であり、その際に「輩の御霊」に騙されて「輩」の仲間入りをしてしまうことが大いにあったのです。

このことを知っておかねばならないのです。この「輩の集団」は、最近になって全ての悪事が神の世界に露見し、天の大罪を犯した集団として、大きな罪とされ裁かれたのです。

何も分からず、その集団に入ってしまい罪を犯してしまった「御霊」がなんとも気の毒に思うのです。このことも、神の世界では考慮されておられるとのことなのですが。

詳しくは、次回の出版のなかで仲間入りしてしまう理由もお分かりいただけるはずと思うのです。

神霊界への道

神霊界は、神の世界とは違い、人の「魂」が天に帰り、霊界の世界から上の世界である神霊界へと移行し、その底辺の神霊界1から最高峰に昇られた神界10までの世界とされます。その世界で繰り広げられている真実をここにある程度のことを確かに致します。

霊界とは全く異なった世界なのです。霊界から神霊界への移行はいくつかの条件を満たし、「御霊」の希望の元にその移行が認められ、固い意志の元に移行が許されるのです。

「御霊」の神霊界への移行は、霊界へ下りられているお役目を持たれた「神霊」が付き添い、この神霊界への移行となるのです。

基礎教育が始まる直前までその案内ともろもろの手続きに付き添われ、不安を取り除いてくださるのです。さらに、今までと違う純白のロングドレスが支給され、辿り着いた神霊界1にある教育が行われる建物で着替え部屋への案内とされるのです。

この場所に到着した「新神霊」は、「神そのものの世界」の神々様との謁見があるのですが、この位では神の「御姿」は全く確認することは困難なのです。

暖かなエネルギーに包まれることとなるのです。

この到着した場所では、基礎教育が行われ、七階建ての建物の中に皆集められ、神霊界でのこれからの生き方や決まり事の説明を受けるのです。

神霊界1

基礎説明を受け、終了した「御霊」達は、各自常に自分の居場所が定められ、神霊界の中で必要不可欠な「礼儀作法」の基礎を徹底的に身に付ける教育を神霊界7の「神霊」より受け、「上の神霊への挨拶の仕方」「神々様への挨拶の仕方」「お辞儀」「言葉遣い」などの過程を終了した「御霊」は、少し離れた所にある、この階層の「御霊」達が暮らす建物に移動出来るのです。

「神霊」達の住いは、大きな広間（三十畳）に十七名ずつ入居するのです。この場所を一日でも早く離れ、より快適に暮らすには「御霊の精進」をするしかないのです。

そのために、日々明るい「御霊」となるように心がけ、明るい笑顔で野山の散策をしたり、「御霊」達との語らいをしたりと、「御霊」の精進のために明け暮れ、規律を守りながら日々過ごすのです。

霊界4にある「沐浴《もくよく》の森」に日参することも多く、この場合は必ず許可を得なければならないのです。自由な霊界とは比べものにならないほど規則があり、この場所に慣れなければならないのです。

そのために、この神霊界で生きることは無理と思う想いが強くなってしまった「御霊」は、自分の意志で下の世界（霊界）へと下りて暮らすことが許されるのです。

このことは、この神霊界1の「新御霊」に限られているのです。ここまでは、どこで暮らすかは各自、自由なのです。

「御霊の精進」の想いをしていなければ、この場所にはいられなくなり、下の世界（霊界）へ戻らねばならないこととなるのです。

明るいグレー色であった「御霊の色」が白っぽく変わると上の神霊界2への昇進が自動的になるのです。

寿命は四千年くらいとされております。

神霊界2

この場所は、神霊界に移行したての「御霊」とは異なり、およそ二百五十年の時を過ぎた「御霊」が昇進した所であるのです。

美しく整頓され、所々に綺麗な花や森があり、その静寂のなかでさらに自らの「御霊」を磨く日々が続くのです。

森の中にある「集いの場所」へは男女を問わず様々な「御霊」達が詣で、日々思う想いの確認を致し、自分だけでないこれから先の学習の場となっているのです。また、霊界4にある「沐浴《もくよく》の森」へも日参し、「御霊」の向上に努めるのです。

この階層に上がると、霊界で培った「物を造る」技術をさらに磨き上げるために、日頃の精進のなかで物を造る練習を致し、草花を装飾品としたり、ネックレス、リング、カチューシャ、食器などなど、これらの作品を持ち寄り、意見を求めたりしながら日々の修練としているのです。

これらは、この先、上の階層で大いに役立つこととなり、思う想いの成長となるのです。

それらの話題のなかで将来このような家を造り、このような調度品を造り出し、このような営みをと、目標に掲げ、さらに上への昇格を目指すのです。

この、日々の修練の賜物として、さらに上に昇格した時に派遣される部署の役割が決まっていくのです。

また、時には「贈答・交換」という習わしが天にはあるのです。このことは、物を生み出す修練や、周囲の「御霊」達との交流のなかで喜びの想いを大きく培うこととなり、そのためにこの「贈答・交換」という習わしを神々様から許されているのです。

ところが、この「贈答品」は造った「御霊」のエネルギーであり、この品はおよそ三日から三ヵ月で消えてしまうのです。

個々の思う想いの深さのエネルギーで物質化するために、お世話になった上の「神霊」の方や同期の「神霊」に、時には、花束を腕いっぱい抱えて差し上げたり、装飾品や果物を贈ることが頻繁に行われているのです。

この習わしは大いに認められ、そのことが互いに思う想いに繋がり、天の安寧には欠かせず、さらに上の世界での厨房で使う食材造りや、美しい食器の作成や、環境美化にも役立ち、正しく思う深いエネルギーを造り出せる「御霊」として成長出来るのです。

人の世の中では、それほどたくさんの頂き物をしたら、物で部屋中が溢れてしまうのでは!!　と思うことでしょう。

ところが、天の天体の中の世界では、全てが、思う想いのエネルギーの世界なのです。エネルギーの深さで造った物、造られた物は永遠に残るのではないのです。未熟なエネルギーで造られたのであったなら、いかに綺麗な花束や品物であっても、三日くらいでなくなってしまい、長くてもおよそ三ヵ月くらいしか残らないのです。

贈答品はこのような物なのです。

自ら造った作品などは、薄くなったらまた深い想いで造った時のエネルギーを足しながら、気に入った物は残していくのです。

ところが、天の神々様（神界10）や、上の世界の神々様の創られた山、川や景観、花畑、立派な建物は永久に残るのです。これぞ、まさしく神の神通力であり、途轍もなく立派で美しく、目を見張るほどの素晴らしさなのです。

「天の大聖堂」の建物は、「神そのものの世界」の神々様が創られ、その中の壁や床や調度品は天の神々様が創られ、庭の花壇や木々は、「神そのものの世界」の神様と神霊界の神々様、さらに上層部の「神霊」の方々の想いも加わり、高き想いの「結集・集約」された誇るべき唯一の建物であるのです。

ここの階層では、白っぽくなった「御霊」になったとはいえ、まだ白く輝くまではいかないのです。白く光り輝く「御霊」となるために神霊界1であった時と同じような修練を行うのです。

神霊界2になると、神霊界8にある「御霊の想いの管理」という省庁から派遣された神霊界7の「神霊」の方から、普段の生活指導や想いの管理の指導があり、日々精進に励むのです。

この低い場所では、天の安寧のための役割はないのですので、ただ、自分の「御霊」の精進のことのみが義務付けられ、「神霊」の指導を実践しながら明るく楽しむことを心がけ、昇格を望むのです。

この場所では、大勢の「御霊」がひしめき、通常は百五十年ほどで神霊界3に昇格するのですが、数百年過ぎてもなかなか昇格出来ずにいる「御霊」も多く、「御霊の管理」の省庁から派遣された「神霊」が日参されているとのことなのです。

どのようにしても上に昇ることが出来ないでいる「御霊」には、人間界に生まれることを勧められることもあり、自分の意志でこのことを望むのであれば人として生まれることが可能なのです。

神霊界3

ここでの大きな特典として「大聖堂」に初めて足を踏み入れることが出来るのです。神霊界3へ昇った証として、ここで授与式に臨み、今までのシンプルなロングドレスから着物衿の付いた衣裳に着替えられるのです。この着物衿の枚数の違いは位の違いを表し、その高さが一目瞭然となるのです。その瞬間に、どの「御霊」も嬉しさからさらに「御霊」が明るくなるのです。

やっとのことでここまで来られたという安堵と、これからさらに上に昇るという決意を致し、また、千八百年の寿命を新たに頂け、自分の「御霊」を思う想いを「誇り」

に思うのです。

この階層では、さらに上に昇るための最もの近道として、「人として生まれたい」と思う想いを強く持つのです。この授与式の後が、人として生まれたいという多くの願いが天の大神様の所に、届けられるのです。

人として生まれさせていただく最後の階層であり（霊界3から神霊界3までとされている）、さらに上の神霊界4に昇格するには、およそ二千年かかるために、人として生まれ、その生き方による「御霊」の精進によっては昇格への近道になり得るからなのです。

「御霊」達は皆、多くの想いを天の上層部の「神霊」に伝え、さらに天のある省庁に願いを届けていただき、さらにその願いを詳しく記した書簡とされ、天の大神様がおられる省庁に届けられ審議され、さらに天の大神様から派遣された「神霊」と出願した「神霊」との面談があり、人として生まれたいとの強い意志確認が取られるのです。

この場合、願い事は延々と連なるほどの想いを書かねばなかなか認められないとのことなのです。

ここは、多くの「神霊」が集う場所なのです。

神霊界3の「御霊」のみならず、大聖堂への任務を持たれる「神霊」や、この階層に設けられている「沐浴《もくよく》の森」へ日参する「神霊」など、上の階層から下りる「神霊」の方々も多く、特に「沐浴の森」へは神霊界の7までの方々が下りてこられ、模範となる「神霊」の姿に出会えるのです。

この、「沐浴の森」のことは、所どころで触れておりますが、霊界4と神霊界3と神霊界8に存在し、「御霊」の方々は上から下に移動出来ても、下から上の世界への移動は全く出来ないのですから、この場所に存在する「沐浴の森」は、大勢の違った階層の「神霊」の「御姿」に、出会うことが出来るのです。

この「沐浴の森」も後述致します。

この場所では、景観そのものが下の世界とはだいぶ変わり、神々様やさらに上の神々様も「ご降臨」されるために、種々の建物が創られると同時に美しい景観をも創られているのです。

美しく整備された庭園や建物があり、そのバランスの取れた街並みに上層部の「御霊」の方々が往来されているのです。

職務を持たれた「御霊」と、神霊界3に暮らす「御霊」が大勢おられ、「神霊」の服装でどこから来られたのかが一目で分かるのです。

大聖堂では、神となられた神界10の神々様やさらに、その上の「神そのものの世界」の神々様のご列席の元に年に一度の「天の全体会議」が行われ、毎年九月三日とされているのです。また、昇格の授与式が執り行われ、真新しい服装に着替えた「神霊」は嬉しさのあまりにさらに「御霊の色」も明るさを増すのです。

やっとここまで昇ってこられたという安堵と、ここからさらに上に昇ることを決意致し、また、命そのものが長らえるための神からのある「みはからい」があるのです。

この昇格の授与式は、年に三回あり、二月・六月・十一月と、天の行事の少ない時に行われるのです。

人として生まれるための許しとは、先着順などではなく、相当な深く強い想いが認められなければ認可はないのです。

この階層でも、主に「自らの御霊の精進」が主流であり、日々思う想いの確認を致しながら、いずれは必ずこの天体の役に立つという想いを胸に刻み込むことを致さねばならず、時折上から下りる「神霊」の指導を受けながら想いの管理をしているのです。

ごくごく稀《まれ》に、地上で大きな震災などで「人の魂の迎え」が間に合わない時に、上の「神霊」（神霊界7）とともに、その役務を担うこともあり、そのような時には予《あらかじ》めこの階層からも集められ、「迎えのための教育」が行われた後に天総出で人の迎えを行うのです。

その際にも「『魂』の迎えの準備」が必要であり、どこの家系の「御霊」であるか、どの階層から生まれたか、担当エリアの中では地上だけでなく霊界・天体中が大騒ぎなのです。

予め申しておかねばならないのですが、このような時は霊界の高い位（霊界5）の他省庁の方々も、人の迎えに参加されるのです。

東日本大震災の折でも、エリアを超えて大騒ぎされておられた様子が分かり、地上だけでなく天も大変な想いで人の「魂」の迎えや準備をされておられたのです。

この階層で、天の役務を終えた「御霊」は、心から思う想いがさらに深くなり、役に立てたことの喜びを感じ、そのことが「御霊」の精進に繋がるのです。

あの震災から、すでに五年以上も経過しておりますが、今の今も「御霊の迎え」が続いているのです。人の「御霊」の迎えを一気に行うことは厳しく、どこの、どの家系から生まれたか、どの階層であったか、また、どこのどの「神霊」が担当するのかなど、様々な調査を経てからの迎えとなり、各エリアを超えて協力の元に行われているのです。

神霊界3では、清掃の手伝いがあるのです。

この清掃は、思う想いをさらに深く持ち、保ち続ける訓練にもなり、この階層は特に率先して行う「御霊」が多いのです。

想いのエネルギーというものは、良いエネルギーは「美化」に繋がり、悪いエネルギーは「劣化」に繋がるのです。天体の中の美化には、良いエネルギーが最も重要であり、美しさを保つためには日々欠かすことが出来ないのです。


景観は、小高い丘や、草原、街並みなどが整理整頓され、美しく輝いているのです。神そのものの神々様が時折「ご降臨」され、また、もろもろの神々様も毎日下向《げこう》され、各上層部の「神霊」も下りられるためにこの階層は美しく輝いているのです。

この階層に昇ると、自分の住む場所が与えられ、人の世の中でいえば「ワンルーム」と思われたら良いのです。その部屋の中では、自らの想いで造った作品で部屋を美化し、その修練を致すのです。

この部屋はこの階層の全ての「御霊」に平等に与えられ、昇格の際には自分の造った品々も全て持ち出さねばならず、常に綺麗に整理整頓をしなければならないのです。

礼儀作法も身に付き、皆一様に和気《わき》藹々《あいあい》と暮らしているのです。

神霊界4

ここに昇格した証は、「授与式」で認められ、さらに真新しい服装になり住居も移動するのです。

神霊界3との大きな違いは、天の任務を手伝うことにあるのです。やっとここまで昇り、初めてのお手伝いの任務を頂けることの喜びを授与式の際にどの「神霊」も噛みしめるとのことです。

主な任務補佐は、「菜園の手伝い」、「天の厨房の手伝い（食器磨き）」、「神の世界の服装造りの手伝い」、「上の神霊（神霊界5）の補佐」、「下の階層の指導の手伝い」など。この下の階層の指導補佐の場合は、上の階層の「神霊」の指示通りの指導となり、勝手に指導は許されないのです。

これらの職務は上層部の「神霊」（神霊界8）の所で決められ、それぞれの「御霊」の希望に沿うように配慮され、また、人であった時の経験が生かされることが多いのです。

ここでの「神霊」の方々は、天の安寧のためには欠かすことが出来ない「神霊」であり、天の「礎《いしずえ》」であるのです。

この階層では特に「謙虚」さを要求されるのであると神様が申されておられるのです。職務補佐が初めて決まるために、「御霊の精進」の分かれ道となることが多く、人であった時の技量を採用された「御霊」とそうでない「御霊」とがあり、そのために自分は特別であると思い込み、「御霊の精進」とならないこともあるのであると申されたのです。

常に謙虚であり、自らの「御霊の管理」を行わねば上への昇格はないのです。向こうの世界での生活の際には、必ず下から上に一段ずつ昇っていくのです。急に「御霊」が明るくなったとしても「飛び級」はないのです。

ところが、人の世の中で生まれ帰ってきた「御霊」の場合は、人間界で生きた生き方で「御霊」が大きく成長した場合には、飛び級が認められるのです。

皆、長い、長い、年月をかけて昇格するのです。

この場所は、上の神様や、神霊界８からの指示の最終到達場所なのです。

住居は、二部屋を与えられるのです。人間界でいえば「１ＤＫ」のマンションとほぼ同じと思われたら良いのです。

この階層に昇って初めて、神より「護身の技」が与えられ、さらに寿命が新たに千八百年与えられるのです。

神霊界5

ここに昇格した「神霊」は、途轍もなく「忙しい」毎日を送らねばならないことを最初に経験するのです。

「御霊」達は、すでに七千年から八千年という長い年月を生きてこられているのですが、さらに二千年の寿命の追加が与えられるのです。

授与式を終えた後、自分の職務が決まり、生涯に近い状況で、天のお役目を決められるのです。全ては、神々様の「みはからい」の元に、その「神霊」の、今まで培ってきた様子や得意とされる能力を十分に考慮され、「御霊」の希望をも考慮され決定となるのです。

上の「神霊」からの指示を受け、任務をこなしながら、下の階層の「神霊」への指示と指導とを致すことに明け暮れ、「沐浴《もくよく》の森」に訪れることが出来ないほど、任務が山積みされているのです。

この場所も、神霊界4と同じように天の安寧のための「礎《いしずえ》の場所」であり、ここでも「御霊」の助力は欠くことが出来ないのです。

職務内容は、神霊界4とほぼ同じであり、神霊界4の「神霊」へ指示しながら一緒に任務を行っているのです。

この階層で、二つ目の「癒しの技」を与えられ、「御霊」同士の交流に大きく役立つこととなり、さらに精進に繋がるのです。

●女神様の「みことば」

「旺妃様（女神様のなかで最高神様）のみことば」なのです。

『この神霊界5という所は、途轍もなく層が厚く、各「神霊」の能力も色々に違いがあるのである。

その第一は、「御霊」には「念写」の機能が元々あるのであるが、その使用は、この神霊界5の階層になってから許されるのである。

この神霊界5の上層部に位置する「御霊」は、いとも簡単に念写能力を使いこなし、景観や、下の階層の所や「御霊」の様子を念写し、各所へ送ったり、上への報告には「証拠」付けとして欠かせず、常用しているのである。

昇格する寸前には、神霊界6の「神霊」より「念写技術の特訓」を受け、「技術の習得」に努めるのである。

この階層まで昇った場所は、地上より遥か離れ、高度三千メートルという高さにまで昇るために、人であった時のことを全く思う想いのない状況であり、この「大天体」の中で、いかに生き抜き、さらに上に昇るためのことを思う毎日の生活なのである。

ところが、まだまだ昇ったばかりの「御霊」は、人であった時のことを思い出すようなこともあり、その場合は、上への昇格のための真実の生き方を見失ってしまうという、昇格への道が閉ざされてしまうことにもなりかねないのである。

時折、自分の居場所や下の世界、さらに、下の世界などの場所を「念写」致し、自分の子孫の所へ、その情報を伝えてしまうなど、本来は決して許されることは全くないことであるのである。

この場合は、自分はこのようなことを致すことで「我が子孫」のために必ず役に立てるだろうという思う想いを持ち、このことを致してしまう「御霊」も多くいるのである。

しかしながら、ほとんどが一方的なことであり、人として生まれ、人として生きているのであるから、「念写」は受け取ることが出来ないのである。

もし、受け取れたのであれば、自分の子孫が「特殊能力」の持ち主だとして、もてはやされるに違いないという錯覚を起こしてしまっているのである。

この事態は、いつ、どこの、どの「御霊」が、このことの「悪事」を致したのであるか、「神そのものの世界」で明らかにされたのである。

今後、絶対に、人の世の中に関与することは、ないとさせたのである。

しかしながら、まだ下の世界の場所の人間界に近い霊界のある場所の者（「御霊」）が、人の身体に関与致し、その命を脅かしてしまうことが全くないと言いきれないでいることもあり、そのことをも懸念致しているのである。

もう、真近には、このことの解決に至ることになるのである、と申す。

このことは、神霊界へ移行した「御霊」の場合は、無差別に人の世の中に関与するということはないのであるが、いたずらに自分の子孫のためくらいは、という関与は、よほどのことがない限り許されるということはないのである』

と申され、

『「子孫のために」と思う想いが強い場合は、神霊界1での暮らしとなり「念写」技術も技も剥奪と致すのである。

この天体に帰った「御霊」には、年に一度の「お盆」の時の七日間、地上に行くことを許しているのである。「御霊」は、全て登録されており、帰る、帰らないも全て把握しているのである。

よって、どの「御霊」も、全ての暮らしは、霊界・天体の中での暮らしとなり、人の世は「御霊の精進」のための場所であることを忘れてはならないのである』

と、申されたのです。

●佛祖神様の「みことば」

『この私は、佛祖神《ぶそしん》なのであります。このことを、申しておかねばならないのでありますから一語一句違えてはならないのであります』

と申され、

『神霊界5の場所の、主な役割は人々のために大いに活躍することであるのでありますが、「人の命が終わる寸前の『使者』」としての役割や、その迎えの使者としての任務を執り行うのであります。

帰ってくる「魂」は、どこの、どの場所で暮らしていたのか、どのような功績があり、いつの迎えになるのかなどの「下調べ」に向かうのであり、「魂」が帰るまでの手続きなど、地上の人々にとって、かけがえのない「御霊」達なのであります。

人であった「御霊」は、自分で天に帰ることは決して出来ないのでありますから、この階層の「御霊」の助けが必要なのであります。

さらに、この調査を受けた後に、ここでの神霊界6の「御霊」と、その上の神霊界7の「神霊」の「御霊」で迎えに出向くのでありますが、この神霊界5は「人の迎え」の経験を積むために、年に百三十一日間を上の「神霊」とともに心からの想いを持ち、迎えに出向くのであります。

この階層でも、まだ自らの想いの管理に努めなければならない「御霊」の多い階層でありますが、時には、「降格」となってしまう「御霊」もあるのであります。

天では、「掟」のように、守らねばならない義務があり、罰則もあるのでありますから、皆、規律正しく暮らし、さらに、上に昇格することと致さねばならず、上への昇格がない場合は、階層で「御霊の寿命」を終えるのでありますから、常に「思う想い」が上への昇格を望むのであるのであります。

大天体の世界の中では、思う想いが美しくなればなるほど、「御霊の色」だけでなく、「輝き」が増してくるのであります。

このような「御霊」は、より早く昇進出来ることとなり、どの「御霊」もこのことを思う想いで、「人の迎え」の準備や、手続きや、迎えに想いを込めて行うのであります』

と、申されたのです。

神霊界6

この階層は、上層部と下層部の2層になっているのです。

ここでの、主な任務は、「人の迎え」なのです。

上の「神霊」の指示の元に「人の迎えのスケジュール」が組まれ、この階層に昇って間もない「御霊」は全員、およそ千年間をこの任務に就き、その経験をするのです。

さらに、清掃業務、果樹園・菜園の世話、天の厨房の手伝いの任務など多くを経験するのですが、最初に「人の迎え」を行うことにより「御霊」の輝きを増し、こののちにその経験が大いに役立つこととなるのです。

上の「神霊」とともに、迎えに出向くのですが、迎えの日からその「御霊」が元いた場所に戻るまでの、心からのお世話を致すという重要な役割を担うのですが、先祖が迎えに同席する場合には、迎えまでとし、その場所から離れ、また次の任務に戻るのです。

人の迎えというものは、人により様々な生き方や、亡くなり方によって帰ってくる「御霊」の想いを思ってやらねばならず、このことをなおざりにしてはならないことの教育が行われており、途轍もなく大変なことがあるようです。

この場合も、帰ってきた「御霊」には、人への想いではなく、これから天で生き抜くための想いを致すように導いてやらねばならず、この経験からこの階層の「神霊の御霊」は大きく成長するとのことなのです。

また、重要な任務のなかで、天の清掃という日々の業務があり、常々このことは思わねばならないのです。神々様が創られた庭園、建物、景観などなどは、常に美しく清められていなければならず、「御霊」の方々の日々の努力により、その美しさがさらに輝きを増し、景観が保たれているのです。

「清掃」は、神霊界の「御霊」全員に普段から義務付けられているのですが、人の世の中の「清掃」とは全く違い、「御霊」の「想いのエネルギー」で、食器や花壇、建物などを綺麗に磨き上げるのです。

大きな建物や景観は、神々様（「神そのものの世界」の神々様）が創られるのですが、その中の調度品の一部や、花壇、植物、花畑などは神々様や上層部の「神霊」の方々が担当され、その創られた品々をさらに「御霊のエネルギー」で磨きをかけるのです。

このようにして、天の景観の美観が保たれ、美しさを継続するのです。思う想いが深く強ければ強いほど、このエネルギーは増し、長く保持されるのです。

神そのものの神が創られた建物や景観は半永久に残るのです。


果樹園・菜園は、天の厨房で使う物であり、その厨房の任務は人の迎えの時期を終えて上層部に移行してからの任務となるのです。

天での職務は、どの階層でも非常に多忙であり、この場所も大きな重責を担い、上の階層からの指示を受け、下の階層への指導も致し、さらに自分の任務をこなし生き生きと働いているのです。

天の厨房は、この神霊界6の「神霊」が上の階層の「神霊」の指示に従い、下働きを主にこなし、神々様の「ご降臨」の折には欠くことの出来ない重要なこととされ、その献立の手伝いから食材の調達の手伝い、調理の手伝い、盛り付けの手伝い、スケジュール管理の手伝いなど、この階層の「御霊」が主に担い、上の神霊界7の「神霊」の指示の元に素晴らしい宴を飾る料理が出来上がるのです。

毎月のように、時には月に数回の「神そのものの世界」の神々様の「ご降臨」される会議や授与式や視察があり、その際に「宴」が催されるのです。

数々の食材や、美しく盛られた食物、磨き上げた食器、盛り花、食物などは、関わった「神霊」達の深い想いを込めた物であり、厨房にあるたくさんの食器選びに工夫を凝らし、供える料理も、それぞれ特有の色をお持ちの神々様に合わせながら盛り付けに様々な工夫を凝らし、いかに喜んでいただけるのか胸を躍らせながら、職務に励むのです。

天には、果樹園や菜園が存在し、広さは異なるのですが神霊界5・神霊界6・神霊界7と下から上の世界に連なるように幅広く存在し、皆その育成に励んでいるのです。

天の厨房は、神霊界3とこの神霊界6と神霊界7・神霊界8に存在しているのです。

神霊界7

この階層から、上層部・中層部・下層部と、三層に分かれており、昇格したばかりの「神霊」と上層部の「神霊」とは、大きな能力の差があり、その能力は各省庁の任務に役立っているのです。

この場所では、日々の暮らしのなかで毎日、自らの「御霊の精進」のために、「沐浴《もくよく》の森」へと日参致しながら職務に励むのです。

神霊界6で頂いた技を三つ持っていたのですが、ここに昇格するとさらに増え、七つの技を持つことが出来るのです。昇格の授与式の際に宇宙神様《うちゅうしんさま》の所より賜るのです。

ここまで昇格すると、移動する際に自分の姿を見ながら移動出来、常々、思う想いを確認しているために、姿も仕草も美しく、下の階層からの憧れの的なのです。

たった今、この階層の「神霊」より声掛けがあったのですが、その「神霊」によれば、

「私は、神霊界7の中層部で、天の大神様の所からの指示を受ける系列の部署に就いております。その任務は、自分の所だけでなく並列の各省庁のなかの部署に連絡役として、また下への指示を行い、その移動の際にも常々、自分の今現在の姿はどのようであるかを意識しておりました。

その際に、周囲からの眼差しの想いがなんとも気分よく、ほのかな暖かさを感じ途轍もなく嬉しいのです」

という話でした。

このように「神霊」方は、常々いかにしたら今の自分は美しく良い想いでいられるかを、自らの昇格のために思い続けているのです。

今、神々様のお許しを得て、ここでの「神霊」との会話を書くことと致します。

「この私（神霊界7の方）は、今の今、あなたのような人が私の想いを本当に分かるのであったとは、と改めて思うのです。人間界に関与することは出来ないほど上の世界に通常はいるのですが、本日はこの近辺の調査の任務のために、下の世界に下りてきたのです。

このように、時には『地上調査』という任務があり、その任務のなかに『人の思う想いは如何であるか』という、このことを天で把握しているのです。あなたのような人が時折、調査の対象となりますのは、人の世の中には、こちらの世界のことをあれやこれやと、とかく申してしまう人間がいるからです。人の世界の方では全く気付くこともないのですが、そのことを申します。

誰でもこの調査を致して良いのではなく、天の決まりのなかで私のように任務でいる『神霊』がおり、時折下の世界に下りてきています。何を、どのようにということは、申すことは出来ないのですが、本日はあなたが本を書くに当たり、それが神々様が認められておられることであっても、この私の報告は同時に行われています。あなたが、どのような想いを持って今この私の想いを書き進めているのかも、一目瞭然として分かっていますので、このことを申しておきます。と申しても、すでに佛《ぶ》祖神様《そしんさま》や天の大神様もあなたの後ろにおられておられますが、それでも、想いの調査は致さねばならないのです。これも、天の仕事のうちのひとつなのです。

私の場合は、この任務の他に下の階層の『御霊』の思う想いの指導を主な仕事として、日々邁進しております」

と、申してきました。

人の思う想いの管理、という省庁があるのは理解しておりましたが、まさか私の所へと来られているとは驚きました。

なんでも、素通しなのです。

このことを書きましたら、

「私達も同じです。こちらの世界でも、思う想いは上の神々様はもちろんのこと、『神霊』同士でも全てにわたり分かってしまうのです。分からないのは、人間のみです。こちらの世界では、分からないようにするには、何も思わないようにするしかないのです。

これ以上は申せません」

と言われてしまいました。

全くその通りと思うのです。時折、あちらこちらへと出向く際に、地上に近い所での「御霊」達がやって来るのですが、あれやこれやと良からぬことを申してくることもあり、その際は聞かないふりをするのですが、何も思わないようにしてしまうのを思い出しました。

と同時に、遠くの方で、「あぁーーー、なんとあの子は、いつも分かってしまっているのではないか、あの時もか」と、これ以上の会話は書けないのですが、このように全てにわたり、向こうの世界には姿だけでなく、想いまでまる見えなのです。

この本を書きながらも、天の「御霊」や霊界人や地上の霊界人方からの、想いや会話が聞こえてくるのです。

「あんなことまで書いているのか」とか、「あそこまで書いたのであれば他の『御霊』も参考になるだろう」とか、「邪魔する手立てはないか」など、良からぬ想いをしている「輩《やから》の集団」もいるのです。

パソコンが何度も打てなくなってしまったり、画面が真っ白になってしまったりと書き進めるに当たって邪魔もされ、難儀しています。

この場面で、「なんで、なんで、なんでそんなことまで書いてしまうの？」と言ってきたのです。

「こんな邪魔をするから」という会話をしております。余談ですが。

この階層は、天の要《かなめ》の重要な職務に就く「御霊」が大勢いるのです。

この天体の全てにわたり、神々様も常々申されておられるのですが、事実、大変な任務をこなし、大きな能力を発揮され、多岐にわたって下への指導をされ、上への想いと気配りを欠かさず、とにかく凄いのです。

向こうの世界での能力というものは、人間界では全く考えも及ばないほどのことが多く、特にこの階層の仕事の内容や、仕事量を思うと頭が下がります。

「御霊」にあるのは思う想いだけで、人のように「心」が備わっていないのですが、この階層まで昇られると、「心」のようなものが備わるようです。

私のことも、向こうの世界に日々の想いも全て分かってしまっているのですが、反対に、この私にも、「御霊」の想いも全て分かってしまうのですから、同じなのです。

旅先でも、どこでも、会話が始まってしまうのですので、私と同席する人は最初は何か不思議に思うようです。急に黙ってしまったりで、近頃は同席した人や仲間には、予《あらかじ》め「これから、『御霊』との交流を始めるから、少し沈黙するね」という声掛けをしております。

レストランなどでも、一人でいても私は一人ではないのです。神々様とともに、また、前の椅子には「霊体」の方やその土地に眠る「御霊」であったり、と、時には、子供の想いをしたままでいる「御霊」と手を繋いで一緒にいることも、この私の膝の上に乗せて一緒に過ごすこともあるのです。

何か見える人がいればこの私の様子を不思議に思うでしょう。一人、苦笑いをしたり、怒ったりなど、人間界には、全く分からないことなのですが、向こうの世界では大勢の「御霊」に対して私一人なのです。

この階層は、一万年以上生きてこられた「御霊」の世界ですので、ほとんどの「神霊」は「御霊」そのものの完成度が高く、白く輝いた色の「神霊」ばかりなのです。

神霊界8にある省庁には、大勢の「神霊の御霊」の方々が働いているのですが、この神霊界7の場所は、その各省庁からの指示の元にそれぞれに適した「御霊」が選ばれ、その省庁からの命令系統を実践する場所として、大きな役割を果たす場所であるのです。

上からの指示は、絶対に遂行せねばならず、下の階層に命令を下ろし、実践させ、また、その下にと、実際に任務を持つ神霊界5の所まで天の命令系統は下がっていくのです。

このために、天の会議での決まり事は必ず守られて実行され、どの「御霊」もそのことを実践しているのです。

この場所でのお役目は大きな重責があり、清らかな想いで「御霊」達への指導を致し、模範となり、憧れの「神霊の御霊」とされているのです。

なかでも「人の迎えの省庁」では、この場所の「神霊」が中心となり、上からの指示を受けたのちはほとんどのスケジュールはこの神霊界7の、この場所で行われるのです。帰ってくる「御霊」に対し、天から出向かれる「御霊」は「二神霊」なのです。神霊界7と神霊界6の「御霊」が両脇につき、「神霊」が特別に賜っている迎えのためのエネルギーを使い、到着の場所まで連れてこられるのです。

神霊界7の場所は、下層部の「神霊」の役割、中層部・上層部の「神霊」の各役割があるのです。

特にこの神霊界7の上層部の「神霊」となると、一万五千年あまり暮らしている「神霊」であり、時折下りてこられる「神霊」の「御姿」や、上の様子を聞き入り早く上の階層に昇格したいと強く願うのです。

下から上の場所（神霊界8）を仰ぎ見て、うっすらと映る景観や大聖堂の建物へ想いを馳せるのであるということなのです。

この上層部まで昇ってきても、さらにおよそ千五百年の歳月を過ごさねばならず、さらに「御霊の精進」へと努力されるのです。


神々様の「みはからい」と迎えに来ていただく「神霊」の方々の助力は、皆知っておかねばならないことなのです。

何度も重複致しますが、いつ、どこの、どの人間の「魂」が、霊界へ移行するかという（通常移行）、下の世界（人間界）に派遣されている「長《おさ》の神様」からの報告を元に、神霊界8から下に命令が下り、さらに「神霊界5の御霊」の調査の報告を受け、迎えのカリキュラムがこの神霊界7で組まれるのです。

命令の全ては、神霊界8の「人の迎えの省庁」からなのですが、実務は神霊界7がほとんど司《つかさど》っているのです。

一つの「魂」が帰るのにあたり、どれだけ多くの「御霊」の方々が関わってくださっているのかを知っておかねばならないのです。

どのような理由があっても迎えを断るなどということは絶対あってはならないのです。故に、断った「魂」の迎えは、次はないのです。

●ここでの服装

この階層の服装は、「女神霊」の場合、襟がたくさん付き（三十枚）豪華に見えるのです。襟元にブローチのような物が飾りとして付いている「御霊」が時々いるのです。天に行った際に出会った「御霊」のなかで、この階層とさらに上の階層の「神霊」の襟の左肩寄りの場所に数種類のブローチをしている方に出会ったのです。

この地上で人として生きている人でも、稀《まれ》に左肩に近い所に、ブローチのようなシンプルな花の飾りやトンボの形のような飾りを付けていた「霊体」の持ち主の人が訪れてきたのです。

神様に許しを得てから、その人の「霊体」の姿を鉛筆書きで描いて差し上げた人が三人いたのです。

天のお役目を果たした成果として、特別にお褒めの「みことば」とともに、神よりこの飾りを賜ることが稀《まれ》にあるそうです。

この神様からの「お褒めの『みことば』と飾り」は、ごく限られた「御霊」であり功労賞とのことなのです。

偶然にもこの私の所に訪れてこられたのです。

山積みにされた書類を整理し、下の世界へと連絡し、上の世界への報告と、広い世界の中であちらこちらへの移動によりこなしていく任務は大変多忙であり、自分の時間の余裕も少ないのです。

時折、通過する野山の景色や景観に想いを馳せ、ほんの僅かなひと時を楽しむことはあっても、常々天の安寧のための役職をこなすことに、自信と誇りを持っておられるのです。

それだけ、「御霊の成長」をされており、この段階では、白く輝いた「御霊」の方々が多くおられるのです。

●縫製（デザイン）

この場所には、さらに上の神々様が身にまとわれる服を造り出す場所があり、その場所には人の世の中で培った能力をフルに発揮され、時には女神様よりお褒めの「みことば」を頂き、功労賞を頂ける「御霊」もいるのです。

神霊界では、服装は階層により皆同じ服であり「神霊」にとってデザインは特に必要ではなく、「神そのものの世界」の神々様の服装をデザインし、製作している工場があるのです。

特に、上の上の世界の旺妃様や女神様、男神様の服装をこの下の世界で造られているのですが、通常は神の世界では特別な服を造らなくても神そのもののエネルギーであっという間にその身にまとう物は出来るのですが、この天体の中に「ご降臨」される時には必ず、造られた服装で「ご降臨」されるのです。

それは、「御霊」が神に対し思う想いの証であり、「御霊」の修練の糧となるためにその服が造られるのです。

この場所では、神々様により担当がある程度決まっており、デザインはある程度自由に採用されるとのことなのです。

この私の所に神霊治療を受けに来られた人がたまたまこのデザインを担当していた「魂」であり、その新デザインをまだ懐《ふところ》に持っていたことで、このことが分かったのです。

この神の服は、神霊界8の場所で製作されるのです。

●果樹園・菜園

「天の厨房」の近くに、巡るように、菜園と果樹園が設けられ、この場所での果樹園は次元を超えた広大な層の厚い広さ（神霊界5、神霊界6、神霊界7の縦に、横に）で栽培されており、大勢の「神霊」が、任務をこなしているのです。

ここでの果樹園や菜園は、個人用ではなく天の厨房で使用するための、特別な場所なのです。

お役目を持たれた「神霊」と、神のみが、出入り出来る場所なのです。

時には、不作という時は「神霊の想いのエネルギー」が少し下がってしまった時なのですが、そのような時には、上からの「神霊」方や神様も降りられ、各菜園や果樹園にエネルギーを懸けられるのです。その結果、見違えるほどの「輝き」となり、そのことで皆安堵するのです。

ここで働く「神霊」は、皆服装が統一されており、純白の衣裳の上に小さなエプロンのような物を掛けた姿で、その担当の果樹を育成しているのです。

果樹園の果物は、人間界にある果物と似てはいても色が全く違うのです。また、ない色があり、その色は服装や果物と同じなのです。

そのため、赤いリンゴはなく、紫色のブドウもないのです。唯一あるのが小さな「赤い実」と小さな「黒い実」で、この赤い実は「御霊」のために途轍もなく良い「実」なのです。「御霊」を元気にさせる、薬のようなものなのです。

この私が神の修練の際に体験したことなのですが、連日連夜の修練のなかで心身ともに疲れきってしまった時、上から「神霊」が降りてこられ、この私にこの「赤い実」を口に入れるようにと持ってこられ、掌に七粒乗せてくれました。人間界にある丸薬の粒のような大きさでした。なぜか、気のせいか元気を取り戻し、疲れが少しだけ取れたようにも思ったのです。このことは自分の「霊体」が元気になったのだそうです。

「黒い実」もあることをこの時知ったのです。

栽培されている果物は、リンゴ（薄緑色）・もも・みかん・ぶどう（黄緑）・山葡萄（紫色）・木イチゴ・梨、他に人間界にない果物もたくさんあり、菜園では、大豆枝豆、あずき、「葉物」やパセリ、薬草、トマト（黄色）、いんげん、キュウリに似た物など、皆一様に生き生きと生育しているのです。

この菜園や果樹園は神霊界7の「神霊」が中心となり、その下の神霊界6と神霊界5の「御霊」の方々が担当されておられるのです。この果樹園の裾野の末端では、下働きに神霊界5と神霊界4の方々もおられるのです。

能力の差があっても、想いのエネルギーでいかに良い想いを醸し出すかで、これらの野菜や果物が立派に生育していくことが一目瞭然なのですが、常に、そのエネルギーを醸し出すということは大変難しく、そのような時には、野菜も果物も「輝き」が褪せてきてしまうのです。

特に、この菜園や果樹園は、広範囲なために下層部では神霊界6の「御霊」が担当し、上の階層との格差もあり、このような時には、この階層の担当の「神霊」の指導を受けるのです。

神霊界7のこの果樹園を担当されている「神霊」の方は多く、直接栽培されたりされているのですが、神霊界7の上層部の「神霊」の方は、指導に勤しまれるのです。

神々様の「ご降臨」される際に使われる食材ですが、非常に神経を使われておられ、時にお褒めの「みことば」を頂けた際には、この階層の「神霊」も厨房の担当の「神霊」も、「功労賞」として胸に飾るブローチを頂けることがあるのです。

そのような時には、やっと自分の日頃の努力を思い、嬉しさと誇りに思い、「御霊」がさらに輝くのです。人の世界でも、褒められると、また頑張れる張り合いが出来るのと全く同じなのです。


「宴」の内容は、会議終了後、神々様の誕生祭、新年の祝い、節分、節句、春のお花見会、夏の宴、秋の宴、授与式の後の宴などが催され、宴を催す際の食材も、テーブル、椅子、料理なども、その宴により変えられ、神霊界5から神霊界6、神霊界7の「御霊」の方々が準備や調理を致し、つつがなく宴を執り行われるのです。

食材の準備、テーブルや椅子の準備や終了後の片付けは、「神霊界5の男御霊」の役割とされ、調理、盛り付けは神霊界6、神霊界7で行い、さらに、料理などの運びは「神霊界6の女神霊」とされ、テーブルに着かれるのは、「神そのものの世界の神々様」「もろもろの神々様」「神界9の神霊」「神霊界8の最上層部の神霊」と決まっており、「神霊界8の神霊」の中層部と下層部の方々が、そのお世話役を果たされるのです。

この「宴」は神霊界3の大聖堂で執り行われる宴なのです。神霊界8にある大聖堂で行われる宴においては、盛り付けやセッティングは全て「神霊界8の神霊」が行うのですが、食材調達など（の下働き）は下の階層の「神霊」が行い、集められた物を上から下に取りに下りられるのです。

ブローチのことは、この後、勲章の所で少しだけお話し致します。

●地獄の門番と各行程の業務のお役目

神霊界7の上層部になると、このお役目を果たすための「神霊」が赴任することになるのです。今のところ強制ではなく、希望者がこの任務にあたるのですが、特典も設けられているのです。

正義感の強い「御霊」でなければ、この任務は全う出来ず、「御霊」が打ちひしがれてはならないのであり、自らの任務の希望を募るのです。

この場合、ここでの任務の期間が決められており、二千年間とされ、通常の半分の期間で上の階層である神霊界8に昇格となるのです。

地獄の門は固く閉ざされており、神界の場合はその世界を司《つかさど》る延喜《えんぎ》大王様《だいおうさま》がおられるのです。その配下に神霊界7の真っ白い服装の十三の「神霊」が業務されておられ、整然と働かれているのです。真っ白い服装での業務はなぜか心正される思いです。

任期終了後は、特別な勲章とともに栄誉ある「御霊」として神霊界8への昇格が決まるのです。

私は時々この場所を訪れ、「悪御霊」を引きずって直接釜茹での釜の中に放り込むお願いをして「神霊」に引き渡し、帰ってくるのです。

神霊界8

この場所は、天の安寧のためには、なくてはならない「命令・指示」を行う頂点の場所であるのです。ここには天全体を司《つかさど》る機関の三十三省庁があり、最も美しく素晴らしい天の大聖堂が聳《そび》え立っているのです。

「神界10のもろもろの神々様」の意向や決定事項を下の階層の末端にまで伝えていくための重大な任務を担う優秀な「神霊」の方々がおられるのです。

この場所に昇格された「神霊」の方々は、やっと、やっと、実に一万六千年以上もの歳月を費やして昇ってこられた霊格の高い「神霊」なのです。常々「御霊」も輝いた白色で「御姿」も美しく、風格が備わり、憧れの存在なのです。

天の安寧のための決まり事や会議の決定事項を下におろし、円滑かつ迅速にその業務をつつがなく遂行していくことにより、より安全に暮らしやすい天の環境を造るために奔走されておられるのです。

天の大聖堂の中での、神々様ご列席の元の会議には必ず出席出来る位にあるのです。

この場所も、三層に分かれているのです。


神霊界８になると、「御霊」の完成度が高く、神そのものの「御姿」をも確認出来るのです。この下の神霊界７では薄ぼんやりとした確認なのですが、ここでは神の波動に近い波動を持たれているのです。

大聖堂には、三十三省庁の出先機関が集結しているのですが、そのなかの頂点の位にある神霊界８の方々がおられ、その長官には執務室があり、住居もこの大聖堂の中に三部屋与えられているのです。

また、この執務室の他に、外部に一・七キロずつ離れて本省庁が配置され、その場所で同時に勤務されているのです。この「神霊」方の住まいには庭付き一戸建ての家が大聖堂の近くに設けられ、時には、その場所から出勤されるのです。

人間界でたとえたら、敷地は三百坪とされ、建物は七十坪とされ、家は各自で建てるのですが、この位であると立派な家を造り出すことが出来、景観を損なわないようにとの配慮から周りの家とほぼ似たような建物となっているのです。

この階層では、持てる「技」の数が増え、宇宙神様《うちゅうしんさま》の所より合計三十の技が与えられ、必要に応じて自分の判断でこの技を使用出来るのです。ここまで昇りつめる「神霊」は神より絶大な「信頼と信用」を得ており、技の使用目的や使用後の報告などは、いちいち全く要らないのです。

そのために、ここの階層の「神霊」は、「神そのものの世界」より「ご降臨」される神の案内役もお役目となっているのです。「ご降臨」される神々様のスケジュールを把握し、その「宴」の催しも行い、また、会議では、出席される神々様の把握、スケジュール、議案などを実に正確に、心を込めて執り行い、職務を全うされるのです。

ここでの階層も三層に分かれ、上層部に上がると「神々様の出迎えやお世話役」を行うことが出来るのです。上の「神そのものの世界」から「ご降臨」される神々様は大気圏内に突入された神であり、特別な神々様なのです。

手厚い歓迎と嘆願を叶えていただく「みちから」で、問題解決となるために、この大切な業務を行う省庁が独立して存在しているのです。

このお出迎えの担当は、「ご降臨」される神々様により、それぞれの担当「神霊」が決まっており、皆一様に想いを弾ませ、心待ちにして、その日を待つのです。

この「出迎えの省庁」では、神霊界8の「神霊」のみが働かれているのです。神霊界8の上層部がお出迎えをされ、中層部がお世話役、下層部は実務遂行役、と決まっており、神様ごとの担当の任命は天の大神様が選ばれ、任命となるのです。

神霊界8に昇格したばかりの下層部では、神々様の「御姿」をはっきりと確認するまでには難しく、上層部になって初めて美しい「御姿」を確認出来、つつがなく職務を執り行えるのです。

天の「みはからい」は、霊界・天体の世界だけではなく、人間界にもどれほどのことがあるかは全く知られていないのが現状であり、またこの世界が繰り広げられている事実を信じない人、関心が全くない人、思う想いは皆それぞれなのですが、これもごく当たり前のことであると思うのです。自分が本当に窮地に陥った時、人はなぜか、神社や寺や先祖の方にすがりたいと思う想いを持つことになるのです。

その時になって初めて、奇跡を願っていたり、すがってみたりと、平凡に暮らせていたら全くその想いの域に達しないのが現状なのであり、人で生きているうちは頼らないことが幸せなことなのかも知れないと思うのです。

この、「奇跡」が起きる起きないは別にして、本当に深い、深い想いで向こうの世界に発信したのであれば、その願いも想いも全ては届くものなのです。仏壇での「先祖」

の方への挨拶も同じなのです。

また、神社などでお願いする際には儀式の柏手《かしわで》とお辞儀とお願いだけでは、神の世界には届かないのです。思う想いの奥底のなかで、真に思う深い想いで願うことが上の世界に通じ、吸い上げていただけるのです。

神界では、先の東日本大震災の折には、毎日、連日にわたり、天の大聖堂で「会議」が開かれ、「人々の想い」「行方の分からない『魂』の把握」「今後の大気の汚染状況」など、神々様の世界の中での今後の処置の検討をされておられたのです。

この、大気の汚染状況の把握は、人間界だけでなく、向こうの世界の「霊界」にも、かなりの影響があるようです。

特に、人間界に近い場所（低い霊界）に暮らす「御霊」の場合の影響度はどのくらいあるのかどうか、その場合の処置は、などが「議題」とされ、「ご降臨された神々様」や「もろもろの神々様」や「神霊界８の神霊」の方々が総出で、検討会議が開かれていたのです。

天の世界からエリアを超えて「御霊の迎えの準備」がされたのでした。

霊界での「霊体」への影響も懸念され、その結果、宇宙神様《うちゅうしんさま》が「霊界・神霊界」の「御霊」の方々の「霊体」に、ある処置をなされたのです。

しかしながら、地上で人の身体に宿している「魂」と掟破りのようにして人の身体に入っている「悪御霊」は、対象とならなかったのです。人の「魂」が帰った際にその「みはからい」の措置を頂けたら有り難いと思うのです。(神の措置の詳細は避けます)

この上の階層である神界9は、主にその上のもろもろの神々様の側近や雑務の任務であり、事実上この神霊界8の場所がこの天体の安寧のための役職として最高峰なのです。

この世界で暮らす「神霊」の方々の移動は、遙か上方三千メートルの高さまで移動出来、飛んで移動出来るのですが、下の世界に下りる際には三段階ずつの階層移動となり、決まり事なのです。

●天の大聖堂

神霊界8の中に小高い丘があり、その丘の上に「白亜の大聖堂」があるのです。大聖堂では、会議や、宴の催し、授与式(神界9、神界10)への昇格、日々の各省庁での激務に近い「みはたらき」など、霊格の高い大勢の「神霊」の方々の往来があり、凛々しく清らかに賑わっているのです。

この場所は、庭園も含めた広さが、たとえれば東京ドーム三個分くらいの大きな建築物であり、純白の壁に洋風建築の建物であり、日本建築はここにはないのです。

入口から入ると大きな庭園があり、その先にさらに大聖堂へと続く道があり、さらにその周辺に「神霊」達の一戸建ての住まいがあり、その住宅地を抜けた先に、美しい庭園の中の建物に続く道を行くと、その両脇に植えられた花壇や脇道など、花々が咲き乱れ、整理された光景に目を見張るのです。

想いを弾ませながら、片手に書類を持った「神霊」達と行き交うのですが、その気品に満ちた姿と礼儀の美しさは、この人間界ではなかなか見られないものです。

途中、ベンチなど心休まる箇所が設けられているのです。皆急ぎ足のように少し飛びながら移動しておりました。

大聖堂が見える付近に、澄んだ美しい池もあり、その先に建物が聳《そび》えているのです。

この私はあの時、入口を開けて入ったのかどうかも覚えていないのですが、気が付いた時は、綺麗な玄関の壁の前でクギ付け状態だったのです。真っ白な壁に有田焼の陶器によく見られる花々が描かれ、その美しさと見事さに目を見張り、その場を動けなかったほどの素晴らしさは、今の今も、目に焼き付いているのです。人間界の美しさや色など遥かに超えた見事な美しさであり、かつて見たことがないほどでした。

また、時には、変わった姿の「神霊」も見受けられました。

この場所には、「神界9の神霊」の方々や、「神界10の神様」も時折お越しになられ、高い位の「神霊」の方々のその想いのエネルギーの高さに景観もさらに美しくなるのです。

草のような緑の植物も、人間界では見たこともないような花も木々も、とにかく色が見事に綺麗なのです。この色は、人間界では見られない見事な色なのです。時折、私も人間界の景色を人の目で見た時と、「霊体」の目で見た時で色が違うのです。このことは、神の修練の時に培ったことなのです。

山間部へ出向いた時に景色を見る時、人の目では薄くぼやけていても、「霊体」の目で見ると綺麗なのです。

神の世界での色ですから、さらに美しいのは当然なのです。

この「白亜の大聖堂」へ行くことが出来た「神霊」達は昇進の授与式に最初に臨み、皆一様に「目を見張る」想いをされるのです。下の階層の神霊界7までは、全て神霊界3にある大聖堂での行事に参加するために、その違いが分かるのです。

この私も、初めてこの場所を訪れた時には、建物の入り口から入ってすぐ左の壁の美しさに足が止まり、その場で立ち尽くしてしまうほどの「素晴らしさ」に、美しいという本当の意味を知ったのでした。

真っ白な壁に有田焼の草花の絵が施され、この世にたとえようのない美しさなのです。神様にお伺い致しましたところ、有田の陶人であった神様が創られたとのことでした。その方が、この壁を担当されたということは、天に帰られた際の位がどのくらい高い位であるかをお分かりになると思うのですが、常々この場所を訪れたいと思うのです。近頃は途中で自分の肉体に戻ってしまうことも多く、まだまだ修練が足りないのです。

この大聖堂では、前に書いたように「宴」が催されるのです。神霊界3にある大聖堂での宴は、簡素化された宴であるのに対し、この場所で開かれる宴は「豪華」で綺麗なのです。

この様子は、この私には体験出来ないことなのですので、女神様がこの私に念写の技法で見せてくださったのです。

広い空間の部屋に、大きなテーブル・椅子・美しく飾られた盛り花、神々様の前には小さめの盛り花があり、この花は神々様により皆違うのです。神々様のお好みの花と色が添えられているのです。このことから、「担当神霊」がいかに礼を尽くし、想いが深いかを象徴しているのかを感じ取れました。

運ばれたお皿に、品よく盛られた食材とテーブルセッティングが見事でした。

神々様が席に着かれ、その際に「担当神霊」の方々が厳かに料理の品々を運び、その想いがつぶさにこの私にも伝わってきたのです。

嬉しさと、感動の想いで「粗相をしないように」「落ち着いて、落ち着いて」「手が震えてしまわないように」と思う想いの緊張感を手に取るように受けたのです。

自分が任務に就けたことへの喜びと緊張感を感じ、思わずこの私もその想いに緊張してしまいました。


宴のことは、前にも述べてありますが、この宴のなかでも最も重大な、重要な宴があるのです。その宴は、「雅《みやび》の宴《えん》」と言われ、女神様の最高峰であられる「旺妃様」の誕生祭なのです。

三月二十三日がその「雅の宴」が開かれる日なのですが、天の中ではどこでもこの三月二十三日は「祝祭」が行われるのです。この日には、上の世界の多くの神々様が「ご降臨」され、天全体で祝い、罪のある「御霊」にも時折「恩赦」が与えられ、特別な日とされているのです。

●天の厨房

この場所に上の世界から「ご降臨」される神々様のおもてなしを主に行うための「天の厨房」があるのですが、大聖堂の脇に三階建ての見事な厨房が存在し、数々の美しい器が保管され、食材が蓄えられているのです。

「ご降臨」される際には、必ず宴が催され、宮廷料理が多種多様に準備されるのです。厨房は下の世界の神霊界3と神霊界6と神霊界7、さらに霊界5に存在し、この神霊界8にある厨房が最も大きく、多くの「神霊」の方々が任務に就かれているのです。

数多くの料理や数多くの食器を必要とし、それらを造り出すのですが、それはなんのためか!!

このことは、「人間界の魂」だけでなく、天の「御霊」も分からなければならないのです。

全てが、「最良の想いのエネルギー」で造り出すことでなければならないのです。全ては、天で暮らす「御霊」の想いが最良の想いとなるための修練なのです。

良いエネルギーを「御霊」達全体で醸し出すことが出来るのであれば、天の安寧は盤石のものとなるのです。

「神そのものの世界」の神々様の「みちから」は、どのような物でもあっという間に創れるのです。

これらの数々の美しい器や食材は、神様のためではないのです。「全ては御霊自身」のためなのです。下の世界の中では、このことが全く分からず、自分達は神々様に奉仕していると思う想いの「御霊」もいたのです。

なんということかと思うのですが、ここは地上の人間界ではないのです。そのことを理解しえないでいる「御霊」もいたことが私にとって不思議でした。

この、「宴」をつつがなく終えることで、多くの「神霊」の力が一つとなり融和がさらに深くなるのです。

また、次回に使う食器や、食材などをも造り出すという「物を生み出す」修練ともなるのです。素晴らしく出来上がるのであれば、勲章の「功労賞」の対象にもなり、全ては「御霊のため」という「神の世界のみはからい」なのです。

ここで、たった今、神々様より、このような「みことば」があったのです。

『このまま、今まで書いた原稿を本にするとなると、いったい何ページになるのであるか。承知しているのであるか！　相当削って、パソコンに転写してもまだまだ話したいのであれば他を削らなければならなくなるが、それで良いのか？』

と申されたのです。

『それよりも、話し足りないのであれば、別冊でなければ無理であろう』

とのことなのです。そのために、

『これ一冊で良いとするのであれば、口頭であれば許すのである。ただし、書物にしてならないことは申してもならないのであるからな』

とのことであり、本のために綴った今までの内容はこれでもかなり削除しております。

●沐浴の森

自分の想いや姿を確認出来る最も確実で正確な所が、霊界4、神霊界3、神霊界8に存在している「沐浴《もくよく》の森の池」なのですが、それぞれ、大きさや景観、映し出される内容が少し違うのです。

最も充実したこの場所での「沐浴の森」のことは、神々様からお教えいただいて、何度かその場所まで行きました。

ここに存在する「沐浴の森」は、神々様総出で創られた最高傑作のものなのです。下の世界の「沐浴の森」は、すでに記してありますが、この場所のことを改めて少しだけお話し致します。

池の水面が全く違うのです。さらに、周りの景観が全く違い、光り輝く森の中に大きな池があり、ここには桟橋のようなものはないのです。この世界では、飛んで移動出来、また、立ち留まることが出来るため、直接水面の上に浮上出来るのです。そのために池も大きく創られ、位の高い「御霊」の方々が集う場所なのです。

時には、もろもろの神々様も降りられ、平和で美しく見事な世界なのです。

●勲章

位を象徴するための「勲章」は「神そのものの世界」で創られた物であり、大気圏の中の神に与えられる最高位である証なのです。

神霊界から神界に昇格した「優秀な御霊」はこの勲章を授かる対象となり、神界9に昇格した折に一つ賜り、中層部昇格で二つ、神と認められた最高峰への昇格（神界10）で三つとなり、神と認められた証しとなるのです。

この勲章を真似て付けて神であると名乗って私の元に「悪御霊」達がやって来たのです。神らしき衣裳に真似た勲章を三つ付けて偉そうに近付いてきたのです。

さすが神の世界と神のお力、と深く感動したのですが、それは時間が経つにつれて衣裳がずり落ち、勲章らしき物もウエストまで落ちてきてしまっていた「偽神の集団」だったのです。そんなことも分からない「偽神達」は、この私を騙そうと、あれやこれやと偉そうに申してきたのです。自分達の情けない姿を映像で見せたところ、慌てて逃げていったのです。

勲章をはじめ、位の象徴は、このように真似出来る物では全くないのです。

この他に、神々様から個々に頂ける「功労賞」に値する物として、胸の脇に付けるブローチがあるのです。それは、神によって形が異なり、どの神から賜ったのかが一目で分かるのです。

桜の花は旺妃様、トンボの形は大山の旺之神様、花筏《はないかだ》の形は佛祖神様《ぶそしんさま》、と多くは女神様から頂けるのです。稀《まれ》に宇宙大旺様《うちゅうだいおうさま》も出されるのですが、葉の形をしたブローチなのです。

賜った勲章やブローチは、消えることはなく、他の「御霊」に剥奪されることもないのです。生涯、その「御霊」の功績として残り、誉となるのです。

このくだりを書いておかねばならないと思うのです。

神霊界8までの様子のなかで、決まり事や技の数や住いなど階層ごとにある程度細かく書き記しているのは、これらのことを、覚えていただくとか知っていただきたいとかという想いは全くないのです。

あくまでも、人の世の中で生きる人々にとっては今の今の今は、実際に知る必要もないのです。必要なのは、読者の「魂」のためなのです。

人は、必ず死を迎え、必ず天に帰らねばならないのです。

それぞれの読者の方々のなかでも、この私との面談がない限り、どこのどの場所から人として生まれたかは全く知り得ないのです。

せめて、この本を読まれている読者の「魂」のためには、自分のいた天の世界を確認することが出来る手段なのです。

そのために、正確に、心を込めてお許しの範囲のなかでそれぞれの階層の特徴を書き記しているのです。

読者の方々は、そのまま流し読みしていても構わず、そのようであってても自分の「魂」は全て読んでいるのと同じなのです。想いも全て伝わっているのです。本を読み終わった後で、妙にあの階層の部分が頭に残っているなどと思うかもしれないのは、ご自分の「魂」がその部分を確認されたのではないかと思うのです。

必ず、自分の元いた場所での営みを思い出し、必ず天に帰ることを思う想いのためには大いに役立つことであると思うのです。

よって、技のことも、服装も何もかも、覚えようとしないでも良いのですが、もう一度読みたいと思う想いが出たのであれば、それはあなたの「魂」の発信と思われたら良いのです。

この神霊界8を越え、神界9より上が真の神界の位置づけとなるのです。

現実にこの上の世界まで昇ることは困難極まりなく、ほんの僅かな「人の魂の御霊」であるのです。

これ以降は神界の世界をお話し致します。

神界9

この階層も上層部・中層部・下層部の三層に分かれているのです。

ここまで昇りつめてくるのは、種々の困難な事柄を克服され、さらに「御霊」そのものも常に明るく光り輝き、周りの「神霊」をも同時に癒せるほどに成長した「神霊」なのです。

誰しもが認めるほどの「霊格」となり、上の神の世界からも認められた、ごく限られた「神霊」なのです。


また、昇格前の三十の持ち技に、さらに追加された八十六の技を賜り、合計百十六の技を持たれる「神霊」となるのです。

この技のなかには、人の世の中の「人間」にも使える「地上の人々の心の痛みや想いを癒す技」も含まれ、上の神様の下向《げこう》の際には毎回使用されるのです。

昇格直後の下層部の「神霊」は、通常の職務をこなしながら、賜った技の習得に努め、一年のうちに自分の技として使いこなせるようにならねばならないのです。


ここでは、特別な任務が数多くあるのですが、主にもろもろの神々様の雑務など、担当の側近としての仕事をしておられるのです。

上がったばかりの下層部の「神霊」には、大きな大輪の花の勲章が左肩の中央寄りに飾られているのです。花びらが三十枚重なる立派な花の勲章は神の位への昇進の証しであり、この神界９に昇り着いた「神霊」の位の象徴なのです。

中層部に上がると、この花の勲章は二つとなり、左中央寄りの肩に一つ、さらに胸の下の所（人間でいえば胃の噴門《ふんもん》の辺り）に一つあり、計二つの勲章を頂いているのです。

上層部ではこの花の勲章はなく、「昇格の楯」になるのですが、次期の神の候補となるのです。

そのために、常々もろもろの神々様の側近として任務されるのです。

この「勲章」は、宇宙神様《うちゅうしんさま》の所より直々に昇格の際に大聖堂において、楯と昇格認証と勲章が与えられ、担当の神様から付けていただけるのです。

この階層では、下層部から中層部、さらに次期には神に昇格するであろう上層部まで、その層を上がるごとに、授与式に臨むのです。

この勲章は特有な物で、大きな花（花びらが三十枚）の下に結ばれたリボンの長く幅の広い房が膝まで下がり、とても豪華です。

この階層での「神霊」の方々は、身長も大きく二メートル八十センチほどあり、エネルギーも大きく、見上げるようです。

神界9の上層部の「神霊」は、もろもろの神々様とともに人間界にも下向《げこう》され、時には神の代行をも、こなされておられるのです。

天の全体会議や祝宴、天の屋代の祭りなど多忙ななかで、地上への下向の際に人々の想いを吸い上げ、天の宮殿の行事や祓いをも神とともに行うのです。

下層部は担当の神のスケジュールの管理や雑務をされ、中層部は上層部の「神霊」の補佐をされるのです。

神界10（最高峰に昇格され神となられた世界）

人の「御霊」が神様となられる憧れの地位。

もろもろの神々様の仲間入りをされ、様々な「神通力」と「技」を頂き、さらに永遠の命も頂けるのです。

神として認められた「人の御霊」の最高位となられるのです。

人の世の中で「やをよろずの神」という言い方をしておりますが、天では「もろもろの神々様」と呼ばれ、現在千三十一の神々様がおられ、日本の各地に赴任されておられるのです。

もろもろの神々様の「御霊」の色は白銀色をした美しい色で、まさしく研ぎ澄まされた「御霊」の色なのです。たとえると、冬の枯木に細雪が氷結して雪の花が咲いているように美しく輝いた色と申したら適切かもしれません。


「技」は、昇格後の年数により授かる数が違うのです。

神界9の上層部より、最高峰に昇格を許され「神」となられた「御霊」は神霊界8に存在する大聖堂において行われる授与式に臨まれるのです。

その際に、真新しい「神霊界で製作された神の洋服」に着替え、大輪の花の勲章を一つ追加されて三個となり、両肩の中央に付け、神の位の象徴となり、風格とともに神の威厳が備わるのです。

「新人の神」は、自分の名前を登録して各神の居場所に赴任となるのです。

この名前は、自由なのです。例えば、明神様《みょうじんさま》の場合、地域の名前ではなく「〇〇の明神」(例えば「高泉の明神」)であると名乗られるのです。以前に出会えた神は「豊田の明神」であると名乗られたのです。

ここまでで良いと止められましたので、ここまでとします。

また、昇格することが決まった時点で「神の御技(みわざ)」の習得を致さねばならず、指導される神様におよそ一年間の期間を与えられ、その技の習得後に、もろもろの神々様の仲間入りを果たすとのことなのです。

「神界9の上層部」であった時には百十六の技を持たれていましたが、ここでさらに追加されて、合計で三百という大量の技が与えられるのですから、その僅かな期間での習得には凄すぎるのです。


移動は上の階層から下の階層までに、休むことなく、ジグザグに移動しながら降りられるのです。

また、側近の方もその移動の仕方が出来るのです。

もろもろの神々様の身長は十三メートルもあり、そばに来られた際には見上げる状態で、暖かな大きなエネルギーを持たれ、そのエネルギーに包まれるのです。

神々様は、下向《げこう》される際には担当エリアの山の頂上付近を目指され、その後、側近の「男神霊・女神霊」とともに各神社に出向かれるのです。

そのために、時折高い山の麓付近まで出向いて想いを馳せると、もろもろの神々様との対面が叶うことがあるのです。

新潟のある場所に出向いた時、「花山の神様」と申された男神様には米麹の素晴らしさを教えていただきました。

また、谷川沿いの湯檜曽《ゆびそ》温泉に出向いた際には、「花光《かこう》の女神様」との対面が叶い、人の顔に入ってその顔を大きく変えてしまった「霊体」の取り出し方になかなか難儀していた時期の頃に、その「霊体の取り出し方」も教えていただいたのです。

その場所は、神々様が集われる湯檜曽温泉の奥のある山の山懐にあり、その場所では大勢の女神様と男神様との出会いが叶い、もろもろの神々様に囲まれた状態でいろいろな「御姿」を確認させていただきました。

神々様にはそれぞれ固有の名前があり、この地上では聞き及ばない名前なのです。大和《おおわ》の男神様、輝純《こうじゅん》の女神様、山脇《やまわき》の男神様といった神々様方との交流も叶い、感謝に堪えないのです。

下向《げこう》されると、いつも暖かな想いを頂けるのです。

神々様は、担当エリアの上の神界10の場所に宮殿があり、その場所での神事や祭り事・大祭など、また下の地上の世界からの願いを吸い上げた処理などが執り行われ、天体の安寧のために大きな「みはたらき（御働き）」をなされておられるのです。

技の数も、神々様によって異なり、昇格後の年数によって三百三十の技から七百三十六の技と、多大に技を持たれた神様もおられるのです。

霊界や神霊界の中にも、人の世界と同じように神社（屋代と呼びます）があり、年に二回（霊界）、三回（神霊界）の祭りがあるのです。

この屋代は、神界10（宮殿）と霊界4にあり、神霊界3・神霊界4に屋代があり、神霊界7にも屋代があり、「御霊」達のための祭りが執り行われるのです。

この祭りは、霊界人も「神霊」の方々も最大の楽しみであり、皆想いをはずませ日頃の想いや癒しを願うのです。

日頃思う想いの悩み事などは神によって癒され、また元気を取り戻せるのです。「御霊」の精進のためには、欠くことの出来ない特別な祭りの日なのです。

「祭り」は、霊界では、四月十五日と十月十五日、神霊界では、四月四日と四月十三日、十月十三日に執り行われるのです。

神々様は、宇宙神様《うちゅうしんさま》から頂いた「神通力」や「技」をフルに発揮なされ、多くの「御霊」の方々を救われるのです。神界10にある宮殿では、「御霊」達の想いを吸い上げ、また地上の人々の願いも吸い上げ、祭事を行われるのです。

心から思う深い想いで、自分や家族の願を掛けるのであれば、その場にもろもろの神々様がおられない場合でも、上の神界9の側近の方の吸い上げにより上の宮殿での神事に神通力を使われ、救いを頂けるのです。

もろもろの神々様は、前に述べたように担当エリアの中で三十体の分霊を持つことを許され、主だった神社には分霊が置かれているのです。

心からの願いをたくさん込めて、祈られたら良いのです。

もろもろの神々様には神の位があり、「従〇〇位」という表現で「従一位」から「従十位」までの位があるのです。

地上の神社の境内や表に、この「従三位」とか「従四位」などの表記を目にされた方も多いと思うのです。

この神の位を頂くのは、よほどの功績を積まねば認められず、位が与えられるだけでもすごいことだとのことです。

「神そのものの世界」では、「正〇〇位」という表現で「正一位から正十五位」までの神の位があるのです。

この「神そのものの世界」での神を祀られた神社は、この地上にはほとんどなく、唯一「朱雀神社」が存在しているのです。

この場所には、時折大気圏の上のさらに上の神の世界から「ご降臨」されることがあるとのことなのです。

●住居

もろもろの神々様の住居は、宮殿の中と郊外にあり、その広さも大きく、建物はまちまちなのです。

宮殿の中では執務室と三つの個室があり、宮殿の近くの郊外では大きな庭園と建物が与えられ、ほとんどが日本家屋とのことです。

宮殿も、京都の平安神宮によく似た建物であり、その三倍ほどの大きさの中で、神霊界の「男神霊」と「女神霊」の方々が、多忙なお役目を果たされておられるのです。

神々様は、大きな「技」と数々の「技」を授かり、その技を自由に使いこなすことがこの天体の安寧に繋がっているのです。この与えられた全ての技は、天体の安寧に欠かすことが出来ない重要な技であり、全ての禍いをなくすに至るとのことです。

それだけ、大きく大量の「技」を賜っているのです。

また、『**一人よがりに使われることは絶対にないのであり、その技はいつでも自由に使いこなせるのである**』と申されたのです。

「神そのものの世界」の神々様は、どこにおられても思えばその場所と「同時存在」なのです。ここでの、もろもろの神々様の場合、「分け御霊」という神の分身を創ることが許されていて、思った瞬間に本体と入れ替わるのです。

豪華な衣装をまとわれ、女神様と男神様でそれぞれ服装が違うのですが、下向《げこう》の際には必ずこのような「御姿」で側近の「神霊」の方々とともに地上に降りてこられるのです。

この世界でのもろもろの神々様の全体会議が年に一度催されるのです。人間界での言い方で、十月が「神無月《かんなづき》」と言われているように、まさしく十月なのです。毎年、九月三日に「天の全体会議」が「神そのものの世界」の神様のご列席の元に重要な天の会議が開かれ、その会議の終了ののち、十月の四日から十月七日まで、もろもろの神々様の全体会議が開かれるのです。

時には延びることもあり、その場合は十三日間までとされ、天の大聖堂で行われるのです。

十月の「神無月」とは、この大聖堂に各エリアから神々様が集われるために人間界では「十月は神がいない」と言われているのでしょうが、通常は四日間とされているのです。

もろもろの神々様の側近は、「神界9の上層部の神霊」の方が「三十神霊」おられ、中央に神様、左右に「十五神霊」ずつと常々側近を伴われて移動されるのです。

特別な移動の際には、主だった「神霊」の他に左右「二十五神霊」ずつが後ろ側に付かれ、さらに後ろ側に左右に「三百三十三神霊」ずつ付かれ、計六百九十七神での移動とされているのです。このように神々様は守られているのです。側近は、武芸も秀でていなければならず、その鍛錬もされるのです。天でも、遙か下の世界の方では「輩《やから》化した集団」もおり、人間界と同じように警護もされるのです。特に女神様の護衛は、守る「神霊」が多くおられるのです。

ここまでであれば良いとされました。

天の大神様

ここは、大気圏すれすれの宇宙に入る最終場所であり、この場所に天の大神様が君臨され、側近として各最高機関のなかで優秀な「御霊」の方々が天の安寧のために力をフルに発揮され、誇り高き思う想いで役務を果たされ、常に休まれる間もなく能力を発揮されているのです。

各エリアごとに、この位に就かれている神様がおられ、この場所にある省庁には霊界や神霊界の大切な資料が保管され、数々の「認可」を決定する大切な所なのです。

天の大神様は、各エリアの頂点に位置され、エリアの中を統括されておられるのです。

ここでの業務は多大であり、全ての霊界中・神霊界中の「御霊」の登録・把握と管理など、様々な「許可」を出す所であり、ここで働く「御霊」の方々は絶大なる能力が要求され、その任務を果たされているのです。

下の神霊界8には、三十三省庁の役所があるのですが、この天の大神様の所にはさらに三省庁の役所とその下に三つの部署がそれぞれ存在し、「御霊の登録省庁」「人を生まれさせる認可の省庁」「上の神々様のスケジュール把握の省庁」が実在しています。

天の大神様の身辺擁護には、両脇に「七神霊」の「御霊」が常々おられ、武術にすぐれ、宇宙神様《うちゅうしんさま》より百三十の技を授かり、その警護に当たられているのです。

天の大神様が移動される際には、この「十四神霊」の他に「三十三神霊」の側近を伴い移動とされるのです。

また、天の大神様の所には、天の「軍」があり、皆、武芸優秀な「御霊」の方々がおられるのです。近年は、この天の「軍」が動くことはほとんどないのですが「神軍」の制度があるのです。

ここは、各省庁の頂点であり、天の安寧のための要《かなめ》の部署がさらに存在するのはそのためなのです。

上の世界の「命生界」で育まれた「新しい御霊」を保管する省庁は天の大神様の管理下にあるのです。

人が生まれる際の許可、全「御霊」の登録把握、上の神の世界への繋ぎ、報告などなど、重要な所であり、また、刑罰などの裁判を行う審議官もここにおられるのです。神霊界8の司法省での裁判の折には、この天の大神様付きの最高審議官が、この場所から出向くのです。

各エリアの天の大神様方を統括なされておられるのが、宇宙大天体大旺様《うちゅうだいてんたいだいおうさま》（＝天空神様《てんくうじんさま》）なのです。

これ以上のこの先は、書くことは許されないのでここまでと致します。

神の世界への繋ぎの場所

天の大神様のすぐ隣の場所に、神の世界への連絡・報告をする「繋ぎの場所」があるのです。

この場所は、どの「御霊」も行くことは出来ないのであり、特別に優秀な「御霊」のみが往来出来るのです。

ここへの場所は大気圏すれすれのさらに少し上の場所であり、特に研ぎ澄まされた「御霊」でなければ苦しくて命もなくしてしまうほどの高い所の場所なのです。

人の「御霊」がどれほど神格化しても、宇宙の入口まで行くのは並大抵のことではなく、極限られた「御霊の神霊」のみが叶うのです。

この場所に赴任された「神霊」は、神々様からも絶大なる信頼を得ているのです。

ここは、「神そのものの世界」の神々様が「ご降臨」される際には、必ず立ち寄られる場所であるのです。

神の世界への連絡は、この繋ぎの場所が唯一通じる所であり、書簡などを届ける際にはその場所から上に通じる階段があり、その階段を十三段上がるとその場所に神の世界から使いが来られ、その神とともにエネルギーを頂きながら神の世界の入口まで行くことが出来、書簡を届け、その任務を終え、神とともに下の段階の所まで降りるのです。

これだけ高い所へと移動出来る「神霊」は神ではないのですが、神に匹敵する特別な「御霊の神霊」なのです。

宇宙大天体大旺様

宇宙大天体大旺様《うちゅうだいてんたいだいおうさま》であられる天空神様《てんくうじんさま》が、この世界を司《つかさど》られておられるのです。この天空神様は、この私が生まれてから今日まで、この私の命を守り続けていただいた「神そのものの世界」の神様なのです。

この私が生まれた直後には女神様二神（大山の旺之神様、佛祖神様《ぷそしんさま》）と天空神様に守られ、その後、三歳から専属に守っていただいた私にとって常々感謝している神様なのです。

神の世界の修練の際にも、時々辛くなった時に天空神様に想いを伝えて、なんとか続けられた今日があるのです。

幼い頃、時折この天空神様と一緒に雲海の上を移動したり、高い山の上のある神の庵に連れていっていただいたりと、今でも鮮明に記憶に残っているのです。

四歳の頃が最も多く、二十八歳の時にはまた同じ場所まで真っ白い立派な髭と右側に銀の杖を持たれ、この私の手を左手で繋がれ、雲の上のさらに上に昇るのです。

その雲海の先には、高い山の頂きにお宮があり、小石を積んだ場所に立って雲海を眺めるのです。私の年が増しても、その時にはいつも四歳の私なのです。不思議、不思議なのです。また、宇宙大旺様《うちゅうだいおうさま》の御父上様のおられる地底の世界（この世界は細かく書けませんが）へ行く際にも常に四歳の時の私なのです。

このような繰り返しを、あの頃は何度も致しておりました。その世界は熱風のマグマのような真赤に燃えた岩石が辺り一面に広がる世界なのです。

今にして分かったことは、私の「御霊」は天に帰りたいと思う想いが強く、そのためにその頃は日参していたようでした。

そのためか、この年になっても向こうの世界に出向く時は、肉体はこの地上にいて、移動の途中から四歳の時の自分になってしまっている時が多いのです。

幼少の頃に守っていただけた二神の女神様は、今もこの私に「ご降臨」されるのです。

ここでは日本の国の霊界の十三に分かれているエリアの天の大神様を宇宙大天体大《うちゅうだいてんたいだい》旺様《おうさま》が統括されておられ、天の会議や、エリアを超えた難題に取り組まれたり、時折行われる各エリアの会議や催しに出向かれるのですが、この、エリア超えは天の大神様であっても自由に往来は出来ないのです。

この私が、関東エリアに人として住んでいても「神の世界」のことでエリアを超える時には、必ず天の大神様の「みはからい」と、宇宙大天体大旺様の「みはからい」を頂き、各エリア越えが、スムーズに事なきとなるのです。

また、四次元の地上と五次元の世界ではエリアがある程度大まかなのに対し、霊界ではエリアは十三エリアのそれぞれの中でも細かく分かれており、「御霊」達はエリアを自由に往来することは出来ないのです。

このような決まり事は、不思議なことに「御霊」達がそのエリアを超えようとすると足が動かせず、その先へは行けないのです。人間界では考えられない世界なのです。

宇宙大天体大旺様の所には二神の女神様である宇宙大天体大神様《うちゅうだいてんたいおおかみさま》がおられるのです。

人が生まれる際に、認可した「御霊」の生涯の「運命表」を決め、その作成はこの二神の女神様の場所で行われるのです。

また、「命生界」で人の「御霊」が創られ育むことをされる女神様がこの場所におられ、十三神の女神様が絶大なる「みちから」のエネルギーでその「御霊」の育成にあたられておられるのです。

人の「御霊」も、人として生まれた「魂」も、そのように神々様の尊い想いとエネルギーを誰しもが頂いて育てられ、今日まで生きているのです。

宇宙大旺様

宇宙大旺様《うちゅうだいおうさま》であられる「はちすの大旺様」のお名前は、向こうの世界では知らない「御霊」は全くないのです。

この人間界の地上から霊界の全て、神霊界の全て、宇宙大旺様の御膝元までを統治され、絶対なる「神そのものの神様」なのです。

宇宙神様《うちゅうしんさま》からの任命により、その統治に就かれておられるのです。

私の所に「ご降臨」される際にはオレンジ色の大きな「御霊」であられ、大きなエネルギーのため、私の身体が揺らぎ垂直にしていられないほどの大きく暖かなエネルギーに満ち溢れ包まれるのです。

宇宙大旺様は、人の寿命を司《つかさど》られておられるのです。

祓いの時などでは家屋の下にうずくまっている「御霊」の移動も、宇宙大旺様のお許しがなければ出来ないのです。

この「御霊」の移動のことは、詳細を申しておかねばならないものであると、たった今、神の「みことば」がありましたので、このまま話させていただきます。

神の「みことば」

『人の世の中で人間が勝手に「霊体」や「御霊」を浮上させた、移動させたなどと申していることを「何様のつもりであるのか」と申すのである。人の世の中は、あくまでも人の世であり、「御霊」の住む霊界側への関与は全く出来るものではないのである。必ず位を持った神の許しの元での移動、浮上でなければなんの効果もなく、霊界側の厳しい決まり事を一人の人間の力で変えることなど出来ないのである。勘違いと想像で惑わせてはならないのである。

全ては神界の神の許しと仏界の神の許しの関与があってこそ「御霊」の救済となるのである、と申すのである。このまま書物と致すが良い』

と申されたのです。

この私の日常的な祓いや「御霊」の封じ込めの行き先も全て神々様に委ね、お許しの元に送り込んでいるのです。

このようなことで、行き倒れなどで、本来の居場所ではない所で命を終えた「魂」は、迎えを待たねばならず、迎えが来るまではその場所を動くことが出来ないのです。この場合も、動こうとしても三メートルくらい移動すると、その先に進めず、足が動かず、移動は出来ないのです。

前にも述べたように、天には「御霊の登録」という途轍もなく大量の「御霊」の把握を致す所があり、行方不明を防いでいるのです。「御霊」が生まれてから消滅するまでの「御霊」の情報が全て登録されているため、近代になって「御霊」の居場所は人として生まれてから帰るまでの人々の移動が複雑になり、人間の移動が自由に広範囲になったために、その把握は途轍もなく大変なことのようです。


六百三十一年前に遭遇した大寒波の影響によって凍死された犠牲者の方々が、未だに天の迎えを待たれ、その方々は北は秋田から長野、山梨までと広範囲にわたってお り、大勢の人々が眠るように霊界に移行されたのです。

私の住んでいる場所でもあちらこちらにその姿が分かり、その方々の想いが伝わってくるのです。

眠っている状況であれば何もないのと同じなのですが、目が覚めた途端に戸惑われるのです。

亡くなった人々のなかでも、凍死による眠るような状況で移行してしまった場合、「霊体」が起きた時の戸惑いは、想像出来ると思うのです。

六百年も前の景色と今の景色、自分の姿など、時には、その場所が道路になっていたり、自分の居場所に家が建ってしまっていて下敷きにされてしまっている状況であったりと、様々な混乱が沸き起こるのです。

人間界では全く目に見えない世界であり、知らないことが当然なのですから、気付くことはないのですが、その霊障として夜眠れない、頭が重い、何かざわめきの声やはっきりした声が聞こえるなどの体験をする人もいるのです。


このようなことを解消するための祓いや鎮魂をすることがあるのですが、その際には宇宙大旺様《うちゅうだいおうさま》に願い、家の下にいる「御霊」を移動していただくためのお許しを得るのです。

亡くなった場所から動けないでいる「御霊」は迎えが来るまで延々と待ち、ほんの僅かの移動しか出来ず、人間界でいえば三メートル弱の範囲での移動しかないのです。

このことで、宇宙大旺様からのお許しを頂けると、「魂である霊界人」は指定の場所に移動出来るのです。

宇宙大旺様の側近には、黄金に光り輝く有田の竜神様とすさのをの命様がおられるのです。

この私が幼き頃より何度か「神の世界は如何致すのか」と問われ、何度も断り続けてきた結果、ついに神の世界に入らねばならないとされた瞬間から、女神様であられる佛祖神様《ぶそしんさま》が、寅の神様と有田の竜神様とともに「ご降臨」され、天空神様《てんくうじんさま》とともにこの私の命を守っていただき、天の修練が始まったのです。その際に、「神そのものの世界」より金文字で綴られた書簡が私の元に届き、神々様との会話の能力を与えるという内容であったのです。

二〇一一年三月二十三日午前五時五十八分、神の世界での修練の際に

『本日午前九時三十五分に神の元よりお前に神々との会話の能力を与えるのである。静粛にして時を待つように』

との「みことば」があり、その書簡を受け取ったのです。巻物は、金色の文字で人間界の楷書体の見事な物でした。難しい漢字で書かれているのであっても、なぜか意味が分かるのです。目で文字を追っていくごとにその巻物が解かれていくのです。それまでは想いの通いのほかには、つたない会話であったのですが、それ以来は神々様との会話がスムーズに行われるようになり今日に至るのです。この金文字は「神そのものの世界」より発信されたものであり、黒文字と決められているもろもろの神々様の世界からの書簡とは異なるのです。向こうの世界では重要なことは全てが書簡での命令が下され、神霊界8の位の方がその届けの任務にあたられているのです。

文字は全てが漢文なのです。

その三年後には、大まかな「修練」が大詰めを迎える運びとなり、いよいよ天のお

役目を果たさねばならないこととなり、すさのをの命様がさらに「ご降臨」され、『**今後、天空《てんくう》神様《じんさま》とともに神々が擁護致す**』と申されてこられたのです。

佛祖《ぶそ》神様《しんさま》は、天より「ご降臨」される際に「御霊」の色が綺麗な光輝くブルー色なのです。途轍もなく優しく美しい女神様なのです。


有田の竜神様が、初めて「御姿」を現された際には、余りにも美しく立派な竜神様が天を舞ったので目を見張る思いでした。

胴体が一・五メートル、長さ四・八メートルあり、濃い黄金色のうろこと髭と、特に優しかった目が印象的でした。

天から「ご降臨」される時に、私の所に来られた際には必ず大きなエネルギーで私の身体を三回まわすのです。

それを見ていた良からぬ「御霊」が真似をして、私に近づき融合体となってエネルギーをかき集め、私を回そうとするのですが、回りきれないのです。

エネルギーの強さの違いで偽物と分かるのです。


寅の神様の「御姿」は、その時は黄金と黒の縞模様は目を見張るほどの美しい堂々とした大きな尻尾を揺らしながら「ご降臨」され、太く低い優しい声がなんとも心嬉しく安心出来、幸せです。

有田の竜神様も寅の神様も本来の神の「御姿」ではなく、化身された「御姿」で「ご降臨」されたのです。

すさのをの命様は、「御霊の色」が唯一「ナス紺色」なのです（写真参照）。男神様で「御霊の色」が特別に許されるのは珍しく、時には橙色の「御霊の色」で「ご降臨」される時もあるのです。

宇宙大旺様《うちゅうだいおうさま》の「御霊の色」は、オレンジ色なのです。

宇宙大旺様の直下の所に、「命生界」と「命消界」という世界があるのです。

●命生界

神の世界で「人の魂」を生まれさせるのです。

この生まれさせた、「人の御霊の命」は、この「命生界」で生まれて育まれ、大切に保管され、およそ千六百年の間、神により育成され管理されているのです。

生まれさせた「御霊」は、人として生まれさせても良い、欠陥のない「御霊」だけがここでは育成され続けられるのです。

●命消界

生まれさせた「御霊」を管理育成している途中で「御霊の欠陥」が少しでもあった場合は、ここの世界で「消滅」となるのです。

神の世界

この「神の世界の中」のことは、すでに書いた文章の転記のお許しを、なかなか頂けなかったのです。

と言うのは、「人の魂」での「御霊」は、この大気圏を抜けることは決して出来ることではなく、神界10に昇られたもろもろの神々様でさえ、大気圏を抜け、さらに上の遙か遠い上のこの「神の世界」に行くことは出来ないのです。

神の世界への繋ぎの場所まで行ける「特別な御霊」だけが唯一、その上の階段を十三段上まで昇れる能力を持たれ、神の世界への繋ぎの任務を遂行されるのです。さらに、その上に行くには神の世界からの迎えの神が来られ、その神とともにエネルギーに包まれながらの詣でとなるのです。

このように、絶対にその世界を垣間見ることも、詣でることも全く出来ない世界であるために、このことを本に書くことが果たして必要であるかと、神々様の協議の議題となったのです。

そのことで、

『お前が書いた神の世界の内容は間違っていることではないのであるが、もう少しこの部分だけは待つように』

との「みことば」があり、最後の最後までこの部分は棚上げとされたのです。

その結果、以下の内容であるのであればということとなり、かなり削っての内容とされ、許されたのです。

神の世界の中のことや、神の世界への道筋などは「神の御霊」でなければ分からないことであり、行くことも決して出来ないのです。

また、神そのものとのコンタクトはなかなかあることではないのです。このことは、神々様も申されておられます。

『唯一、この地上で数名だけ、神との想いの通い合いがあったのではあるが、それも、地上でのことである』

と申されたのです。

ましてや、宇宙神様《うちゅうしんさま》との会話やコンタクトは、「人の魂」では（霊界の中でも）ありえないことであり、霊界での良からぬ「御霊」がそのふりをして、人々に近寄ったに過ぎないとのことであると申されたのです。

このようなことで、この部分の文章は神々様の最大限の「みはからい」のお許しの文章であり、全て事実そのものなのです。

私にとって、このことを「信じる」「信じない」はどうでも良いのです。人々は皆、向こうの世界に帰るのですから、帰ればこのことの真実が分かりますので。

大気圏の遙か彼方の先の先の先に、この「神の世界」が実在されているのです。

通常は、この「神そのものの世界」から人間界への関与は直接あるというのは今までは全くなかったのです。

何度も重複致しますが、人間界に関与してくださるのは、最高峰に昇られたもろもろの神々様であり、神社へ詣でた際には心からの深い想いの願いを掛けたら良いのです。深い想いは、もろもろの神々様に通じその想いは側近の「神霊」の方にも吸い上げられるのです。

この私の所へ「ご降臨」される神々様は、ある目的のために「ご降臨」されるのです。

さわりだけですが、天においてある大きな事件があり、良からぬ「輩《やから》化した悪御霊の集団」がこの地上の近い所に勢力を伸ばし、天の安寧を覆すことを致して大勢の「悪御霊」がはびこってしまったために、その「輩化した御霊の集団」の大掃除のためにこの私は生まれさせられたのです。そのために生まれて直後から「御霊の障《さわ》り」に遭い、生命そのものを狙われ続けているのです。この「天の大掃除」を行うためとこの私の生命を守るために、この私の所に「ご降臨」されるのです。

このことは「天の大掃除」という言い方で向こうの世界では認識されているのです。この四年間の間に、相当数の「輩の集団」が払拭《ふっしょく》され、だいぶ静かになったのです。この私に、数々の「技」や「黄金の弓」や数多くの「剣」が授かっているのはこのためであり、この私の「やらねばならないお役目」であったのです。

そのためにこの私の命を守るためと、私の手や指を使われ、ともに天の「輩」の封じ込めと、天の平和を取り戻すために「ご降臨」されるのです。

「神そのものの世界」からの「ご降臨」は、多くの神々様がおられるなかで、ほんの僅かな神様のみ、なのです。

神そのもののエネルギーは、痛んだ細胞をある程度修復し、快方に向かわせる暖かなエネルギーなのですが、施行（神が行う神の施術のこと）を受けた人々は、一様に身体に浸透していく暖かなエネルギーに感動する人が多く、顔つきも顔色も全く変わるのです。

神の世界へ「御霊」が入るということは全く出来ないことなのです。私が神の世界へと詣でる時は、肉体を地上に置き、意識のなかで目を閉じ、真っ暗な世界を通過し、星がチラチラ見え始めて、その後もかなり先まで突き進むのです。

その先にさらに真っ暗闇の世界が広がり、その後に徐々に明るくなり数多くの星空が見えてから、その星空の先へと抜けていくのです。

また、その先が真っ暗闇となり、さらにその先に突き進んでいくと、空一面に「黄金の透かし柄」が広がり、どこまでもどこまでも見渡す限りこの柄が広がっているのです。

この先をまた潜り抜け、さらに先にまた違う柄の「黄金の透かし柄」があり、またその先にも「黄金の透かし柄」を潜り抜けるのです。

この透かし柄が、全部花の透かし柄なのです。その柄が段数ごとに皆違う花の柄なのですが、見たことのない花で、その美しさといったら言葉に言い表せないほどなのです。

いつもいつも、この柄を覚えておこうと思うのですが、その柄は覚えきれないのです。十三段の美しい黄金の透かし柄を抜けられないと「神そのものの世界」に到達が出来ないのです。

この「神の世界」へは、いつでも行けるものではないのです。途轍もなく遠く、相当の集中力が満杯にならねばその手前で自分に戻ってしまうのです。

時折、到達することが出来るのですが、時には佛祖《ぶそ》神様《しんさま》の女神様とともに詣でることがあるのですが、それでも時には行けないこともあるのです。


さらに、「神そのものの世界」から上の大基《おおもと》の宇宙《うちゅう》神様《しんさま》がおられる神の世界へは、さらに黄金の透かし柄を三十三枚越えねばならないのです。


もう一つだけ、お許しを頂きましたので、「黄金の透かし柄」の他に「墨色と真黒の透かし柄」があるのですが、そのことのさわりだけを書きます。

神霊界の世界の中の神霊界3に、「奈落の底」という場所があることは前に触れてあり、その場所に下りていくのにも、この透かしの「墨色」の柄を抜け、落とされるのですが、この墨色の無色の透かし柄も途轍もなく美しい花柄なのです。

最初の一段目は暗いグレー色の花の透かし柄で、下に行くほど濃くなるのです。この花柄もその下の階層ごとに柄が異なり、この世界の透かし柄のことを、奈落の底への「透かし柄」と言われています。

さらに、霊界の下から始まる「地獄の世界」へは、「濃い墨色と真黒色の透かし柄」を抜け、落ちていくのです。

この透かし柄はそれぞれの次元の区切りとされ、その柄を越えることは簡単なことではないのです。

神の世界に入った場所に私の大好きな所があるのです。

紫の世界を通り抜けた先に滝があり、その滝つぼから流れた川底は宝石を散りばめたようにキラキラ光り輝き、赤、緑、紫、紺、黄色などの色々の美しさに見とれ、しばらくは動けないほどなのです。この場所へは、必ず行くことをと、常々思うのです。

『ここまでで良い』と神々様が申されましたので、ここまでと致します。（口頭であれば……許さないでもないが、とのことです）

神の世界は偉大なのです。

華の花棒

神の世界は、黄金に光り輝くだけでなく、限りなき多彩の色が使われている、目を見張るほど美しい世界であるのです。

神々様が集われる時に携えられる「笏《しゃく》」の他に「華の花棒」があるのです。それは、神の家系により地色が決められており、その周りには巻き付くように斜め掛けに色が配置され、神々様が集われる際に常に持たれるのです。

この『「華の花棒」を準備したら良い』と申されたのですが、この地上での色合いや造り方をどのようにしたら良いかと思い、神々様（特に女神様）が持たれている美しい色を何で表現することが出来るのかを思い、色々考え、サンプルを造り、そのお許しを得たのです。

その「華の花棒」は、長さと色により神の位と家系が一目瞭然に分かり、全ては宇宙神様《うちゅうしんさま》のお許しによる色と位の長さがあり、この私の元に「ご降臨」される神々様はこの「華の花棒」を持つことが許されている神々様なのです。

大旺様方は長さが五十五センチと長く太く、女神様の最高神様は四十八センチで中太であり、位の高い女神様や男神様は三十五センチ、その他に二十一センチ、十八センチと長さが決まっているのです。

この「華の花棒」は、この地上では色の再現が難しく、似た色で造ったのです。

日々の「ご降臨」の際には、時には神様の「みことば」で『花棒を用意せよ』と申され、人の身体に入ってしまった「御霊」の取り出しに使用することもあるのですが、このことは、祓われた「御霊」達は、どの神により自分は祓われたのかを分かってしまい、向こうの世界では大変なことになるとのことです。

エネルギー

全ての物質に、また生き物にはエネルギーがそれぞれ違う種類が存在し（万物のエネルギー）、そのエネルギーは大小、強弱、種類など、様々に醸し出されているのです。人にも生体エネルギーがあり、神々様の「みおしえ（御教え）」のなかで腹の奥底からこのエネルギーを万遍なく醸し出しているとのことです。よって、お腹の中、特に腸が途轍もなく大切であり、快便は欠かすことが出来ないのです。

人により、様々にエネルギーの大きさが違い、健康な人のエネルギーや、不健康な人のエネルギーなど大きく違いがあり、特に腸が元気でない人は腸のエネルギーがほんの僅かに感じ取れるほどに少ないのです。

常に、神々様からはお腹の中がいかに大切であるかの「みおしえ」があり、人の身体の中の営みの詳細の「みおしえ」があるのです。

ただ、この私は医師ではありませんのでこれ以上は書くことを控えねばならないと思うのですが。

私の場合、目で見てその人のエネルギーや物のエネルギーが分かるのですが、他人に分かりやすく説明する時にはその人物や物の上に手を差し出し、そのエネルギーの種類や強弱やエネルギーの向かう方向を表し、説明することがしばしばなのです。

強いエネルギーが出る物（鉱石、布）であっても、それが実際に人の身体に良い物であるのか、反対にない方が良い物であるのかの判断をするのです。

必ず、神々様に確認して、この答えで良いのかをお聞きしてから答えるのですが。

二〇一六年十月十八日の朝四時五十八分に神の世界より、今まで培ったこの私の能力を試されたのです。その時、そばにあったスケジュールノートにとっさに描いた答えの図を掲載致します。

この地上には、宇宙空間に漂うエネルギーのなかで人の身体に途轍もなく良いエネルギー（ホルミシス効果）を発する鉱石を練りこんだ布が販売されているのですが、その布から出るエネルギーの方向や種類をどの程度理解しているのであるかを神の世界より試されたのです。

私は、この布の長さによりエネルギーが変わることを以前教えていただいておりました。

目で見てエネルギーを感じ取り、さらにそのエネルギーの良し悪しや向かう方向の種類を答えたのです。

当日、神の世界より
『只今から、ホルミシスの布のエネルギーの詳細についてお前の力量を試すのである。

このことが分からねば神の世界を網羅したとは申せないのであるから即座に答えねばならないのである』

と申され、

『まず、幅十一センチ、長さ三十五センチでは、どのようなエネルギーであるか』

と次々に長さを申されてこられたのです。

この私はノートにその向かう方向を書き、次から次へと答えたのです。その結果、

『全てがその通りである。お前を認めるのである』

と合格を言い渡されたのです。

その時のとっさに描いた図を見ていただければ、長さによりエネルギーの向かう方向とその布のエネルギー量がお分かりになると思うのです。人間界の機械では今のところ、醸し出される量以外は分からないのであるから、ここまで分かるのであれば良いであろうとお褒めの「みことば」を頂いたのです。

一方向に飛び出してしまう長さもあり、飛び出したエネルギーが戻る長さもあり、布に充満する長さもこの図でお分かりになると思うのです。物質は、全てのエネルギーが大きさにより異なるのです。

また、エネルギーには右に回るエネルギーと左に回るエネルギーと上に向かうエネルギーと下に落ちていくエネルギーと様々なエネルギーがあるのです。

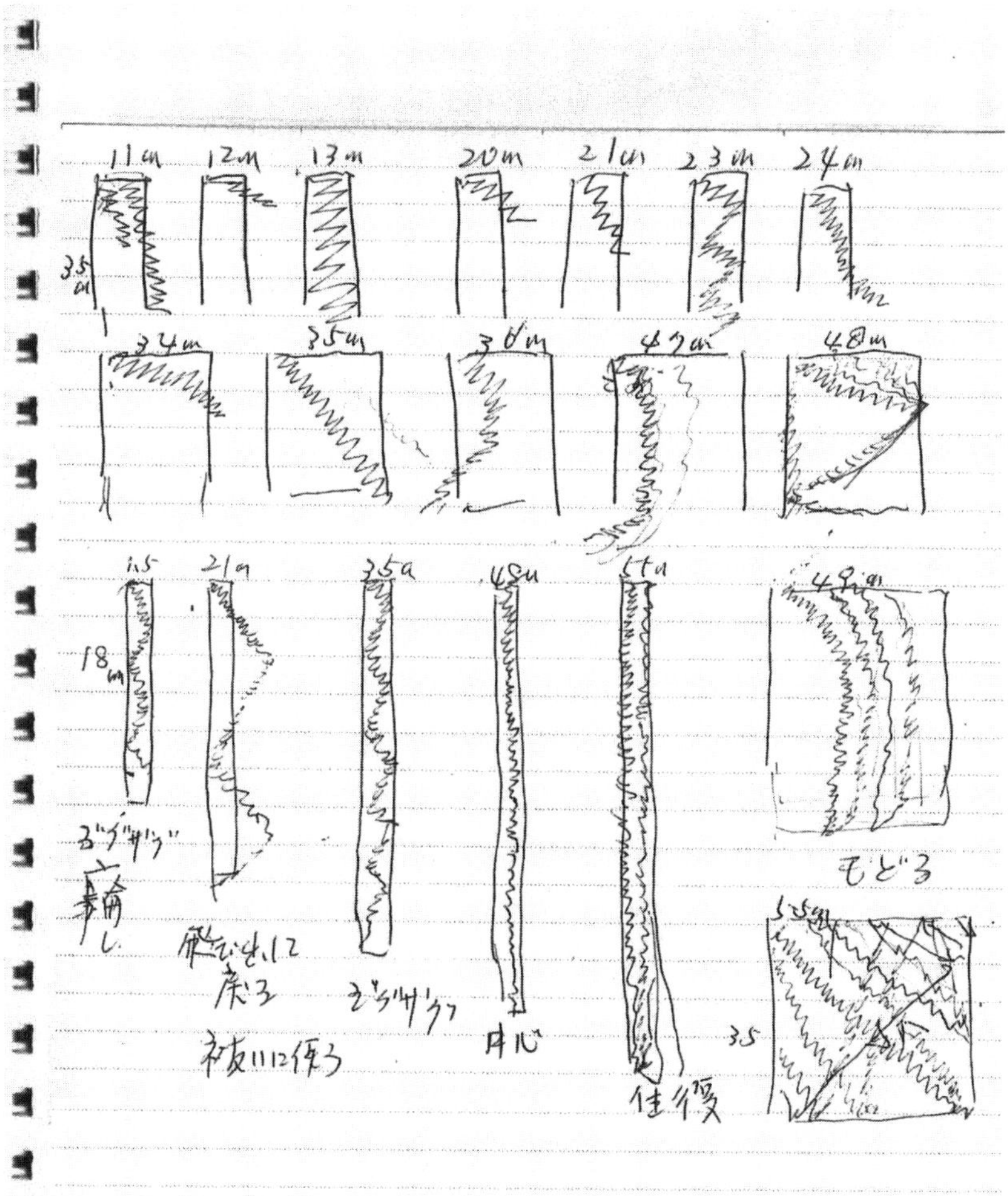

ホルミシスの布のエネルギーの流れ。
長さや幅により方向や量が変わる。

健康体の人は右回りのエネルギーが出ているのですが、不健康の人は左回りとなってしまうのです。人体は実に複雑で健康体であっても身体の場所によっては左回りの箇所が認められることが大いにあるのです。例えば胃腸の調子が悪い場合はその胃の部分は左回りであり、全くエネルギーを感じないどころか大きく左に回ることもあり、その回り方が楕円形を描いたり左斜めに向かう楕円形や右斜め、時には上に上がるエネルギーであったりするのです。

世の中全体、宇宙全体に多種多様のエネルギーが存在し、交差しているのです。ここでは、人のエネルギーのことだけを少し書くことに致します。

愛する想い、優しく見つめる想い、心から感謝する想いなどの良い想いのエネルギーは、柔らかくゆっくりと浪のように流れるエネルギーが醸し出され、本人も人にも影響するのですが、悪い想いのエネルギーは回転も速く、鋭く刺すエネルギーなのです。

神のエネルギーは、途轍もなく大きく暖かく、柔らかなエネルギーなのです。このエネルギーは絶大なる神々様のエネルギーであり、時には「御技」とともにこの私の身体に受け取り、そのエネルギーを放出し、日頃の神霊治療のなかで使用しているのです。

医師からの紹介の患者さんはほとんどが病気の診断が下されており、祓いをした後は、この絶大なる暖かな修復のエネルギーを全身に浴びるように、私の身体を介して受け取れるのです。

その結果、医師も驚くほどのデータが期待出来るのです。

このエネルギーは、実に信じがたいほどの大きなエネルギーであり、実際に直接私の身体に受けることが叶ったのが神の修練の賜物でした。当初は、少しのエネルギーを直接浴びただけで心臓が踊るほど、脈が高鳴り心臓が止まる想いを何度も致し、そのような時には、神々様が私の身体からそのエネルギーを抜いてくださいました。人の身体に神そのもののエネルギーを直接大量に入れることは、途轍もなく大ごとなのです。

神の世界の修練の駆け出しの頃は、まず自分の周りに木を置くのです。エネルギーを浴びたそのエネルギーの放出に木を握るのです。エネルギーを入れ込んだ木々はしばらくの間ずっしりと重く、質量が増すのです。

私の周りには、ありとあらゆる「木」(お盆、こけし、太い幹などなど)を置き、受け取ったエネルギーを放出しながらこの肉体に直接受けられる身体に変えられ、その結果、神々様のそれぞれ違う偉大なるエネルギーを頂ける身体となったのです。実に命懸けの日々でした。

今は、一直線に下りるエネルギーも全て、直接受けることが出来ることとなっているのです。

施行を受けた人々は、この私から発する神のエネルギーを、暖かな温泉に入ったほどのエネルギーのように体験し、感謝の想いをされるのです。

このような時に、神々様に感謝申し上げ、辛かった神の修練を心から有り難く思い、また次の技の習得をも思うのです。


人を恨む、人を呪う、人を妬む、人を殺したいなどと思う想いは、自分から発する場合、相手の背中の右側に残ってしまうものなのです。

時々、病気からではなく背中の重みや痛みを訴える方のなかで、その部分をよく見てみると背中全体に大きく膨らみ、波打つようなエネルギーが付いているのを時折見ることがあるのです。

この場合は「御霊の障《さわ》り」ではなく、想いのエネルギーの障りであるのです。

この場合は、そっとその背中に手を当てると相手の人の想いが全て読み取れ、言葉として発してくるのです。

特に強い場合は、背中を刺すような痛みや鈍痛があり、その場合には、神々様のお許しを得てからその想いの取り除きを行うのです。

そのまま発した相手に返す場合は、受けた倍の強さで相手に帰ることとなるために、この想いを発した相手も同じ症状になるどころか、それ以上に強い症状で暮らすことになるのです。

私の所では、返すことはなるべく避け、その想いを取り除く作業を行うのです。

特に強い念の場合は『言葉をそのまま、申せ』との神言があり、本人にも内容が分かってしまうのですが、背中にある念を言葉と致し、消し去るのです。

このような念は「言霊《ことだま》」となり、その言霊を消すのです。これは、非常に難しく、心澄ませてその背中に罹った想いを全てそのまま違えることなく言葉として言わねばならず、一語も間違えてはならないのです。間違えたらその言霊は取れず、消せないのです。

時には、私の決して使わない汚い言葉もあり、思わず言葉が出なくなるのですが、それでもその言霊の想いを消滅するのには、そのまま罹った言葉を申さねばならず、「言霊」となってしまった念は厄介なのです。

取り除いた背中は、見違えるほど軽快になり感謝の言葉を頂くのですが、人を思う想いは、愛や感謝が最も自分の「魂」をも成長させるのです。

悪想念は、自分の「魂」の格を落とすこととなり、そのことが長い間続くと天の元いた所へ帰るのに、長期間かかってしまうのです。

人々は、必ず元いた場所に帰り着くことと致さねばならないとのことなのです。

このエネルギーのことは次回の出版のなかで「人に役立つエネルギー」の章で書いてあります。

地獄の世界

神界での地獄の世界は、神の「みはからい」による深い世界が展開されているのです。ここまで、深い世界が階段を下がるように次から次へと展開していることが分かった時に、この深さに「なぜ？」という疑問があったのです。

日常の祓いの際に「御霊」の犯した罪により、少しでも助けてやらねばならないという神々様の有り難い「みはからい」であることが分かったのです。

この地獄へ行かねばならないという「御霊」は、すでに天に帰った「御霊」であり、天の「大罪」を犯してしまった「悪御霊」が行く世界なのです。

冒頭で述べた通り、人の世の中で生きた「魂」は、生きてきた人間界の織りなした結果を問われることはないのです。

死後、帰った際に自分の生き抜いた人生のあり方を悔いることがあった場合は、自ら下の世界へと移行してしまうのです。

その場合は、地獄の世界の上層部への移動であり「天の大罪」の罪ではないのですから全く世界が違うのです。

下に自ら下りた「御霊」は、手続き終了後にこのこととなり、思う想いが晴れてくるようであれば自ら上に昇れるので、そのために、生きている間にこのことが分かっているのであればなんの心配もいらないのです。

問題は、天には様々な「厳しい決まり事」があるのですが、その規則を破り、時には、天の安寧をも揺るがしかねないことを目論む集団もおり、そのような「悪御霊」は当然のことながら天の司法省で罪となり、この世界に送られることとなのです。

「御霊」の暮らす世界は、「神のみこころ（御心）」のままに自由に安心して暮らすことでなければならず、この世界の安寧のためには様々な「決まり事」があり、その規則に則《のっと》り、どの「御霊」も自由に安心して暮らすことが出来る、美しく素晴らしい世界が繰り広げられているのです。

どの階層に暮らす「御霊」も、その世界ごとに決められたことを厳守し、自分の「御霊」の精進に努めなければならないのであるのです。

このために、この「地獄の世界」が創られているのです。

人間界で生きることは自分の「魂」の向上のためであり、このことは皆帰った後に分かることとなのです。そのために、人で生きた結果は全てが自己責任であり、神によって裁かれることではないのです。

ここでの地獄の世界は、霊界の下に繰り広げられる地獄の世界のことであり、天の「奈落の底」のことではないのですが、ここで神により落とされた「御霊」であっても、その地獄の階層の中で少しずつの反省があったのであれば、階層ごとの寿命の限りではなく、上の階層の寿命が自動的に適用されるのです。

深い所からの這い上がりは決して出来ないのですが、それでも三十年の寿命とされてしまっている下の階層であっても、三百年までは自らの反省次第で延びることも出来るのです。

「神のみこころ」は寛大であり、どのような罪を犯した「御霊」であっても、いずれ自らの反省の元に上に昇れるチャンスをこの地獄の世界でも与えているのです。

しかしながら、どのようなことを致してみても全く反省がなく、さらに悪事を働こうとする想いが変わらない場合はそのまま神からの制裁が適用されてしまうのです。

最終的には、「神の決議」により直接「地獄の命消界」へ送られて、「御霊」の場合は、そのまま命が「消滅」してしまい、消えてなくなるのです。


古いお寺などで、昔書かれた地獄絵があるのは見た方はいるかと思うのですが、決して、迷信などではないのです。

完璧に実在しているのです。

神界では、仏界と異なり全部で三ヵ所の地獄の世界があり、通常は霊界より下の世界から下りていく「地獄の世界」と神霊界に実在する「奈落の底」の世界と、さらに神により直接入れられてしまう「地獄」が「地の世界」の中にあるのです。

奈落の底地獄

神霊界の「奈落の底」は三層になっており、それぞれ透かしの花の柄で仕切られており、色により深さが決められているのです。

一層目は「神霊」の罪が浅く、反省させて、更生させるための場所なのです。ここは、自ら出ることが出来る世界なのです。（グレー色の透かし柄）

二層目は、罪と認められてしまいその場所に落とされるのですが、一定の神々様の協議の末に上の神様により出されることになるのです。（墨色の透かし柄）

三層目は、長期間の幽閉が必要とされ、その期間三ヵ月の間はここに落ちなければならず、その場合は元のいた階層には戻ることは出来ず、戻るのには下の階層（神霊界1）からまた精進が始まるのです。（黒色の透かし柄）

この「奈落の底」は、神霊界にだけ存在し、大きな罪を犯したのではない場合が多く、反省の場所として使用されているのです。その場所はどこも、真っ暗闇の中の深い穴の中なのです。

この私も、一度だけその場所に落とされ、まるまる一日間をその体験を致しました。人の生活をしていても、胸が重く、自分の「魂」が沈んで、動くにも体まで重くなってしまうのです。目を閉じ向こうの世界に想いを移行し、穴の底から上を見上げると、黒い透かし柄があり、その上にかすかに明かりが見えるのです。佛祖神様《ぶそしんさま》に引き上げていただいたのですが、大きな体験を致しました。

全ての事柄は神々様の協議の末に決まるのです。

「奈落の底」は、罪とならないことが多く、反省する場所と言う方が正しいようです。時には、自分で自分の想いの反省にこの場所に行くことを願う「御霊」もいるとのことですが、なかなか認められていないとのことです。

この「奈落の底」の場所は、神霊界の東方の場所の神霊界3の所に存在しているのです。

もう一つ、厳しい地獄が存在しているのです。ここは、宇宙神様《うちゅうしんさま》のおられる「神そのものの世界」の神様が創られた場所であり、この場所も延喜大王様《えんぎだいおうさま》が兼任されておられるのです。

天の大掃除の際に、この世界に天の大罪を犯した「御霊」を、神様が私の手を持たれて入れ込むのですが、その世界に落ちていく際の「御霊」の声が聞こえてくるのですが、皆驚きの声を挙げながら落ちていくのです。

この場所こそ、昔から恐れられていた神界の地獄の世界であり、行程がいくつもあり、その刑は延々と執行されてしまい、「御霊」の命は延々と亡くならないとのことなのです。

ただ、神の想いで命の消滅はあるとのことなのです。

地獄

通常の「地獄」は霊界1の下の世界から始まるのですが、神界では地獄の世界の幅はさほど広くはないのですが、下へ下がる深さが途轍もなく深いのです。

主に、地獄の中底、地獄の大底、地獄の大底の底と、さらにその下に、「地獄の命消界」が実在しており、「御霊」の命そのものを消滅してしまう世界があるのです。

地獄の中底までの間

この世界は、三段階に分かれているのです。各階層の中にさらに三層あり、合計九層に分かれ第二段階の中層までは自力で這い上がれるのです。

ここまでは、帰ってきた「御霊」が自ら選んで、自らその場所に下りていってしまう世界なのです。

そのために、自らの気付きとともにその「御霊」の想いの思い方で自然に居場所が変わり、いつの間にか上の世界に移動することが出来るのです。

この場合は、人の世の中で生きた結果、自分はきっと「地獄行き」などと思い続けてしまったために、自ら下りていくことなのであり、何かのきっかけで想いの気付きがあれば上に上がれることもあるのです。

人の世の中で一年忌、三年忌などの年忌を行う時に、故人に想いを馳せるのであれば、心からの想いは伝わりますので、先祖がどこの場所にいるかは分からなくても、心からの想いで「想いを軽く、上に上に昇るように」と思ったのであれば、その想いは下の場所にいる先祖がいたのであれば通じるものになるとのことですので、亡くなった人のためには大いに子孫からの助けとなるのです。


その下の「中間層の下」から「中底」世界へと落ちてしまった「御霊」の場合は、神の世界の中での引上げがなければ、自力で這い上がることは全く無理なことなのです。

ほとんどの「御霊」は眠ってしまった状況なのですが、時には一つのことを思い続けている「御霊」も多くいるのです。特に悪いことをした訳ではないので、この場所に留まってしまっているのですが、ほとんどが這い上がれないのです。

ところが、友人や親族が帰ってきた場合、その「御霊」が霊界にいないのに気付いてくれた場合、その家系の「御霊」の方々に助けられることもあるとのことです。

地獄の中底の場合では、この世界の中ではある程度の「御霊」達が仲間意識を持ち、協力し合うようにして暮らす集団も出来ているのですが、上の世界（霊界）へ戻る願望がほとんど消えてしまっているのが現状なのです。

ここは、大きな罪は犯していない「御霊」の住む世界なのですが、罪を着せられてしまった「御霊」もおり、今後この世界を全て検証されるそうです。

中底から大底までの間に

地獄の中底を過ぎて左横に移動すると、下にストーンと落ちる場所があり、その場所から世界が下へ下へと深く存在し、大底までの間には、およそ二メートル下の場所に「溜り」の場所があり、その場所に「殺戮地獄」「成り済まし地獄」「盗賊地獄」が存在し、さらに大きな甕《かめ》が七つほど並び、その中にある罪を犯した家系の「御霊」達が封じ込められており、その中で生涯を終えることとされている「甕地獄」があり、それぞれの罪による地獄の世界があるのです。

この溜まりの中央にはさらに大きな甕があり、「輩《やから》」の家系に与《くみ》し、仲間となった「御霊」が入る「甕地獄」があるのです。

この数々の「甕」類は、この私が神の世界に入り、天の大掃除のなかで神様とともに造った地獄なのです。

その場所を通過し、さらに下の世界に行くと、門番がいる場所があり、延喜大王様《えんぎだいおうさま》のおられる地獄の世界があるのです。

この地獄の門の先に、血の池地獄が二ヵ所あり、その中間の所に色々な行程の釜茹で、針の敷き詰められた場所、一万回叩きの場所、さらに灼熱の場所、この場所から天日干しのようにされる場所、この行程を何度も繰り返されるのです。

ここでの地獄の行程は、宇宙神様《うちゅうしんさま》が創られた「地獄」の行程とは違い、お仕置きの行程が少ないのです。

延喜大王様《えんぎだいおうさま》の元に、神霊界の7から8に上がる「神霊」がお役目として、この任務に就かれているのです。

そのために、神界の地獄のお役目の「神霊」の方は純白の衣装であり、あまり怖いというイメージではないのですが、各行程を整然とこなされており、途中での終了がないのであるのです。

ここにまで来る「御霊」は、神の救いがない限り、この行程を終了となることはなく、また、決してこの場所から出ることも叶わず上には戻れないのです。

さらに、その場所を通過して、真っ暗闇のはずなのですが目を凝らしていると薄暗い世界が下の世界に広がり、さらに下へと入っていくと、その底のような場所の行き止まりの底の土地に辿り着くのです。

ここが地獄の大底なのです。

真っ暗闇の中に少し溜まりがあり、さらにまた目を凝らして行くと、暗闇の中でもなぜか世界が見えてくるのです。

下りて行き着いた溜まりの場所から左右に世界が広がっているのです。

地獄の大底

下りた場所から右手側に移動すると何もない真っ暗闇の世界が広がり、目を凝らしながら、「霊体」の目で見なければならないのですが、ほんの僅かな薄暗い場所が確認出来、少しの丘のような場所と窪地があったり、その薄暗い世界の中を通過していくと薄青い色の世界が少しあったのです。

その枯れ木のそばに休んでいたら、多くの「霊体」が通り過ぎていきました。

皆、真っ黒の「霊体」と痩せ細った身体が移動していったのです。特に声をかけてくる訳ではなく、無表情であったのですが、ここでは、たくさんの世界（集団）の「御霊」がおり、怖《いや》な想いをしなかったのです。

この中で、ある「御霊」の方との波動が合い、その方の想いが伝わってきたのです。自分達は神により必ず迎えが来ることを信じている者達であり、「輩《やから》の御霊」達によってあらぬ罪をかけられ「この場所に落とされてしまった」と申してきたのです。

このことは、神々様がご承知となられ、調査され、無実であるのであれば、必ず上に引き上げられることとなるとのことでした。

この「御霊」の方々は、最近になってこの世界の入口の辺りに移動し、迎えを待たれているとのことですが、その方々から左の道のことを教えていただきました。

この左側へ進むとその先は「地獄の大底の底」へと続く道であるのです。この左側を進んでみると、集団で暮らす世界が三ヵ所あったのです。

この先の所にも、真っ黒な池があり、その池の周りにはやっとのことで這い上がったという「御霊」もいたのです。

その「御霊」は、次の溜りの世界へと移動することもあるのですが、この移動も時間がかかり難儀するということです。

その中間の溜まりの中の「御霊」の集団の世界は、中心となる「御霊」がおり、その「御霊」の元でその世界の生活が成り立っているのです。

この中でも、少しずつ悪しき想いを取り除けた「御霊」は稀《まれ》にすぐ上の世界への移動が出来、どのように罪を犯した「御霊」であってもここまでの世界に落とされた「御霊」でもチャンスが与えられているのです。

この先の先を突き進むと、一気に下に下りる空洞があり、その世界が地獄の大底の底の世界へと続く通路なのです。

ここのところは、もっともっと書き綴りたいと願ったのですが、人の世の中に知らせるのはここまでだそうですので。

地獄の大底の底

大底に辿り着いて左側を進んでその先に、一気に落ち吸い込まれてしまうほどの速さで移動していく円柱の空洞の道があり、その先を見てみたら大きな池があったのです。その底は、全てが池で占められており、ほんの僅かな池のほとりと少しの広場があるだけなのです。暗闇の中にある池は、真っ黒な池であり、ネバネバしたコールタールのような池でした。

この池に入った「大罪を犯した御霊」は、神の「みちから」により落とされた「御霊」であり、そのネバネバで「御霊」の良からぬ想いとともに封じ込められるのです。

決して許されない大罪を犯した「御霊」は、神により、この大底の底にある真っ黒な池の横の先に存在する、「地獄の命消界」へと落とされるのです。

ここは、その場で瞬間に「御霊」の命が抹消されてしまう世界であり、その命の終了となり、「御霊」そのものが消えてなくなるのです。

「命消界」の先には、「マイナス次元」の続く広い世界が広がっているのです。

この「マイナス次元」にいったん入ると、先に先に突き進んでいくだけの世界であり、決して戻ることもなく「御霊」の命が尽きるまで進んでいってしまうと神々様が申されておられるのです。

このように、神界では地獄の世界は幅よりも深さが下に下に深いのです。

近頃になって、ここへの世界に時折、神々様がこの私の手を持たれ、この場所へ「輩《やから》の御霊」を送ることがあるのですが、ほとんどの「御霊」は反省することなどなく、うそぶいたり、言い訳をしながら落ちていくのが現状であり、謝ることなど全くないのです。

地獄の命消界

この「地獄の命消界」は、「天の大罪」を犯してしまい、どうにもならない「御霊」を「抹消・消滅」する場所が神々様により創られたのです。ここは平成二十六年の九月三日の全体会議で決定され、神々様により、この世界が地獄に追加されたのです。

どのようにしても、どうにもならない「御霊」の場合、神の決断により、「御霊の消滅」という最終手段を取らざるを得ないこととして神々様の判断と宇宙神様《うちゅうしんさま》のお許しの元に、この場所へ送られ、その「御霊の寿命」を待つことなく「消滅」となるのです。

神の決断は、決して揺らぐことがないのですので、人の世の中とはまた違う、自由でもある世界であっても、犯してはならないことを平然と行い、天の安寧を妨げる「御霊」は、最終的にはこのような所へ直接送られてしまうのです。

様々のことを鑑み、その背景や「御霊」の状況などをよくよく協議なされ、そののち最終手段がとられるのですが、「神のみこころ」の決断は長くかかるのですが、決定後は決して揺るがないのです。

この「地獄の命消界」は、大底の底の深い所に存在し、この場所へは、神様の「みわざ」とエネルギーで直接送られるのです。

祓い

この私の行う祓いや鎮魂は、加持祈祷や祝詞《のりと》などの拝みなどは全くないのです。

また、宗教でもなく実在される神々様との会話の元に、障《さわ》りの原因を突き止め、その祓いや鎮魂と致すのです。

今までに何度も祓いをしたのは、「御霊の障り」による身体の不具合や、病気とされてしまっている原因を取り除くための祓いであり、一般の祓いとは違うのです。

よほどのことがない限り、私が出向く祓いはしないのです。

「御霊の障り」による、この祓いは「御霊」の想いをまず受け止めねばならないのです。

時々行う神霊治療は、身体の中に入ってしまっている「霊体」や「御霊」を取り出し、正常な体に近い状態に戻し、その健康を取り戻すことを目指しているのです。

ところが、それだけでは駄目な場合があり、時には土地や家の祓いをしなければならないことがあるのです。

年に一度の「お盆」の月の祓いは、絶対にしないのです。この地上には、お盆の月は天より許しを得て帰ってきている「御霊」が大勢おり、その「御霊」の方々をも祓ってしまうことになるために行わないのです。

また、祓いというのは、悪さをする「悪霊」を取り除く他に、その場所に長いこと暮らし、天からの迎えを待つ「御霊」も大勢いるのであり、この方々のうち悪いことをする「御霊」は少ないのです。

土地にいる「霊体」曰く「**自分達の暮らしている所に、人間が後からやって来て勝手に家を建て、自分達は家の下敷きになっている。苦しくて仕方ない**」などの訴えを日毎夜ごと訴えてくるケースがあり、この場合は人間が不眠や頭痛を訴えるのです。

この「霊体」の方々の場合は「鎮魂」ということになり、供物を必要とし、今後の先のことへの不安を取り除くのです。皆まだ帰っていない「霊体」であり、一度は必ず帰り「魂」を「御霊」にすることでなければならず、このことへの思う想いの意志の確認もするのです。

どうしても出向かなければ解決しないことも時にはあるのですが、その場合は事前にその場所に行き、「御霊」の方々との会話をし、どのようなことで、その場所に住む人に障《さわ》りをもたらしているのかを確認し、鎮魂のための事前調査を行い、時には数度訪れなければならないこともあり、当日よりも、この事前の話し合いの方が時間を要するのです。

忘れられない祓いが「伊勢崎市のある場所の祓い」なのです。

通常の祓いは時間が決まっているのです。通常は午前十一時三十五分までに、準備し十一時四十分から午後二時までに終了とするのです。その数日前に、祓う場所に出向き、その土地や家にいる「霊体」と会話を致し、「霊体」の要求や供える供物を書き留めてくるのです。

その場所の歴史や、まだ霊界へ戻れないでいる理由や、解決策などを神々様に伺い、当日の祓いに備えるのです。場所や霊界人によって、供える物、準備する物が違い、人間界の実物（米・塩・大豆・時にはあずき・果物・野菜・魚・茶饅頭など）、また、酒は供える物ではなく、土地の周囲に撒くのに使用します。

酒を土地の周りに撒くというのは、撒いた酒の内側の全ての範囲は本日神の祓いと致す、という意味であり、境界を張る意味なのです。

また、私の神の修練のなかで培った「無から有を有する」という、修行に値する訓練で培った想いのエネルギーで、人間が供えた供物を造り出し、捧げるのです。

人の目には全く見えないのですが、「御霊」や「霊体」には現実に見えるのです。造った物は、想いが深ければ長い間その場に残り、「御霊・霊体」の癒しとなり「鎮魂」に繋がるのです。

このような、時間が決められているなかで、たった一度だけ、この伊勢崎市で、朝の七時半からの「祓い」を経験したのです。

その場所は、まだ帰らない大勢の「魂」がいた場所であり、その世界の中で親分や子分と名乗る「霊体」の方々がまるで人間界と同じような想いで生活をしていたのです。

事前の会話のなかで、その場所から裏の会館の近くに移動するという条件と、その親分の家族を天に帰らせるという条件があり、その条件を満たすために、当時の天の大神様が直々に迎えに来られるという特別な異例な「みはからい」があったのです。天の大神様は神であり、時間が神の時間帯のなかで、この祓いのこととされたのです。

親分家族に、子供服の新しい物二着と新しい靴を差し上げ、さらに小さな手土産を差し上げ、天の大神様の「みはからい」の元にと天に直接帰られたのです。


また、忘れられないことのなかで、友人と思っていた人の家を訪れたところ、天の「御霊」が石の中や建物の中や庭木を休みどころとし、本来ならば人の家に入っていることなど天に帰った「御霊」はあってはならないことであったことから、神のお許しの元に天に返したのです。

その家の周囲から、庭の中に大量に入ってしまった「御霊」の数を一気に天に返すために、足を踏ん張り両手をいっぱいに広げ、佛《ぶ》祖《そ》神様《しんさま》と有田の竜神様よりエネルギーを頂き、培った技を使いながら一気に「御霊」達を天のある場所に返したのです。

そのことが、祓いの必要のない所を祓ったなどと大きな誤解となり、人の想いの勉強が出来たのですが、これは私の祓いではなく、良からぬ「御霊」をただ、天に返し、家の中にいた「霊体」を追い出し、頭痛を取り除いてあげただけのことでした。

私の行う祓いは、「御霊の障《さわ》り」をなくすための努力とし、その場所にいる「霊体」を元の場所に返したり、封じ込めたり、鎮魂を行ったり、その場所から（宇宙大旺様《うちゅうだいおうさま》のお許しの元に）移動していただいたりと、途轍もなく深い想いと時間をかけるのです。

祓いをする時は、いつも心を込めて深い想いのエネルギーを込めて行うのです。

神霊治療のなかで

この私が時々行う神霊治療は、神々様から授かった数々の技と数種類のエネルギーを使い、人々の身体の不具合を解消したり、また、やわらげたりするものです。難儀な治療の際には、必ず神に委ね、その「御技」とエネルギーの指示と指導を賜り、行うのです。

今のところ月の半分はこの治療に専念しているのですが、今後は神々様とともに他県にも出向かねばならず、治療日数は少なくなるのです。今のところ医師などの紹介の人が多く、結果は現代医学の検査で一目瞭然に分かるので心強いのです。

神々様から、人の身体の病気の成り立ちや原因などは、常日頃教えていただいてはいるのですが、この私は医師ではないのですので、必ず医師の元での診断と治療をするように言うのです。

この私は、来訪してきた人物の「御霊」の障《さわ》りの部分を取り除き、さらにその人物の身体に罹ってしまっている、人からの想いの悪しき想いの取り除きを神々様からの有り難いエネルギーを使わせていただき、心身ともに爽快に導くのです。

呪術

このことは、この最終の所で触れておかねばならないことであると思い、神々様のお許しの元に現実に実際に起きた事実であるのですので触れておきます。平成二十七年七月九日の夜、この私に起きた出来事であったのです。

「神の修練」という修行にあたるなかで、第三百三十章の「修練」は「人からの念・『霊体』からの念」、さらに「昔から行われてしまっている人間界での『呪術』」を解く方法を習得と致しました。

地上で、今でも時々行われてしまっていることに神の世界では、「絶対にあってはならない」ことであり、そのために数個の呪術を封印と致し、この地上からなくしたとのことでした。

それでもまだ残ってしまっているものもあり、そのためにこの私の「神の中の修練」のなかで解く方法を何度も何度も習得することとされたのです。

今の私に解けるのは、まだ浅い術であり、それ以外は神々様の「みたすけ（御助け）」がなければ解くことは困難なのです。この神とともに解く場合は、この私の手を取っていただくのですが、自然と手が動くのです。

神の世界では、この地上で様々に繰り広げられている出来事は全て網羅されており、この私にかけられた「呪術」のことも、全て把握されておられたのです。

この「呪術」が稼働する日と、誰の依頼であるか、どこの誰がその依頼を受け行うのかを全て察知され、この私にはその呪術が稼働する前日に、

『○○の場所に○○の時間に必ず行かねばならないのである』

と申され、後で思えば、その呪術の依頼者を確かめることをと申されたのが分かったのです。

その時は、なぜ、夜のあの時間を指定され、必ず行かねばならないと申されたのかが分からないまま出向いたのです。

私は、いつもと同じ想いでその場に出向いたのですが、その者の言動と態度に圧倒され、さらに、その雰囲気を読み取ってきてしまいました。

後日分かったことなのですが、その日は、「呪術」が始まった中日であり、三日間にわたってかけてきたのです。三日目が最終日の稼働日であったのです。この三日間は、依頼者は、かける人物に会ってはならず、そのために、あのように慌てふためいたのであったのです。

稼働日の夜、九時十五分に「神のみことば」があり、

『お前に呪術がかけられているのである。今宵十一時五十八分よりおよそ三十分間にわたり、「呪術」が稼働致すのである。風呂に入り支度して待つように』

と。

さらに申されたのです。

『「御霊」が同時にお前の命を狙いやって来るのであるから、その『御霊』達の処理をせねばならないのである。「呪術」は非常に強いものであるから「神々総出」で解くのである。心して待つが良いのである』

との「みことば」であったのです。

この時に初めて、この私にかけられた「呪術」のことを知りました。まさか、あの女《ひと》が……と困惑したのです。なぜなのか、そのことを致したら自分の将来がどのようになるのか知っているのか、それで、あの夜はあのような態度であったのか、と。この時に全てが分かったのです。

であるのであれば培った技で回避しなくてはならないと思い、心穏やかにその時間を待ちました。

やがて、その時間とともにもの凄い形相をした大量の「悪御霊」達が群れを成してある方向からやって来たのです。

この私は、息をつく間もなく足を踏ん張り、両手をいっぱい広げ、今まで培ったありとあらゆる技を使い、その「悪御霊」を処理致しました。

このように、神々様の「みはからい」と「みたすけ」があってこそ、この私の命を助けていただき、守っていただけたのです。

さらに、神々様より

『今後も、正しく神事《かみごと》をこなしていくのであれば、どのようなことがあってもお前を必ず助けるのである』

という有り難い「みことば」を頂き、あの三十分間の出来事は決して忘れることは出来ないのです。

この、「呪術」というものは、神の世界でも最も陰険で、強烈なものであり、そのために神々様が総出でその技を解かれたのです。

神の世界では、このようなことは決して許されることではなく、呪を霊能者に「願った者」「呪術を行った者」は、全ての事柄を把握され熟知されておられるのです。

従って、

『この地上では全く内蜜で行ったとしても、肉体が亡くなった後には大きな罪とされ、天からの迎えはないのである』

と申されたのです。

地上では、このことを昔から「人を呪えば穴二つ」ということが延々と伝え継がれているのは、このような意味が分かっていたからこそ、伝え継がれているのです。

最近になって、嫌がらせの電話を非通知でかけてくる者もいるのですが、そのような時は普段は決して使わない「読み取りの技」を使うのです。

神々様や霊界・天体には全て素通しですが、この私もその「技」が習得出来ているのです。ジーッと耳を澄ませてその人物の想いを読むことにしているのです。嫌がらせ人物の住んでいる所、周りの景観、単独か周りに同様の人物がいるかどうか、背景、嫌がらせの原因などが一気に浮かんで読み取れるのです。

その際に、神々様に、その浮かんできたことが正確であるかを問うのですが、ほとんどがその通りであると申されるのですが、

『そのままにしておけば良い』『その相手は気にすることではない、お前が電話に出

たのであるからこれ以上はないであろう』
と、人間界だけではなく、霊界はすぐ近くに存在しているために、霊界人の方に聞いてみても、ある程度は分かってしまうのです。

人の想いや、執念などは思われた人の身体に残ってしまうものであり、神霊治療の際にその執念や良からぬ想いを受けてしまっている方は、背中の重みの原因となっていることもあり、この場合はその執念を取り去るのです。

あまりにも悪質な者の念を送った場合は、そのまま返すことはしないのです。その想いがあまりにも強い場合は言霊となってしまうのですから、前述のように、その言霊を消さねばならないとされているのです。

想いを相手に返すことはほとんどしないのですが、受けてしまっている執念の想いを消し去るのです。

良い想いや感謝の想いは、その人の背中の上にも受けるのですが、ほとんどが本人に感じ取れることはないのです。

執念は、身体が重く感じることが多いのです。全く感じない人も多くいるのですが、人の想いは背中の肩甲骨の周辺に、霊界からの想いは腰回りに溜まるのです。

天では「自らの想いの管理」をしなければならないと義務付けられているのです。

そのために、この呪術は怖くて使用することはほとんどないのですが、人間界では、この怖さが分からないために、なかには安易に行ってしまう者がいることに神々様が嘆かれておられるのです。

私事

人間界で生きられる素晴らしさ

人の世の中で生きるには、人間界の法律を犯さない限り何をどのように生きても自由なのです。

外国に出掛けようが国内のあちらこちらに出掛けようが、エリアの移動制限はないのであり、自由なのです。また、服装も自由であり、デザインや色の制限もなく自由に個性的なファッションも楽しめるのです。豪華な食事も楽しむことが出来、味わうことも出来るのです。買い物を楽しむ、スポーツを楽しむ、旅行を楽しむなど、本人の生き方の想いで自由に暮らすことが出来るのです。

誰しも人として生まれたのち、自分がまた人間界に生まれさせていただけるかは誰にも分からないことなのです。向こうの世界では数千年という「御霊」の寿命のなかでのほんの僅かな期間が人の生活として許されたのです。

二度と生まれてこられないかもしれない人の生活を思い、自分に与えられた「限られた命」を自分自身でしっかり認識し、有意義に人生を過ごされる想いが大切と思うのです。

私事

神々様からの「みことば」のなかで、

『自分のことはいったいどこに書くのであるか』

と申されましたので、最後にここに記させていただきます。

この私の所に「ご降臨」される神々様は、女神様のなかの最高峰であられる神様と、その妹様の女神様、佛祖神様《ぶそしんさま》、大山の旺之神様、宇宙大旺様《うちゅうだいおうさま》（はちすの大旺様）、宇宙大天体大旺様《うちゅうだいてんたいだいおうさま》（天空神様《てんくうじんさま》）、赤城の神様、有田の竜神様（竜神様の最高峰の神様）、すさのをの命様、あまのすめらをの命様、粋の神様、聖《せい》の女神様ほか、大勢の神々様なのです。

特に、女神様であられる最高神の女神様が「ご降臨」される際には、太陽の所に一直線の御柱が現れ、私の所に「ご降臨」されておられる神々様が、太陽の周りに東西南北に集われ、お待ちになられるのです。（写真参照）

女神様と側近の神々様は、神の世界への繋ぎの場所に立ち寄られた後に、太陽の手前に集われた神々様と合流をされ、その後に私の所へと「ご降臨」されるのです。

このような「ご降臨」のされ方は、正月元旦と一月四日と二月三日にされるのです。その日は、地元の人々のために私の所は開放日とし、縁ある人々が数十名集まり新年の身体祓いを特別に行うのですが、その数日前に二月三日の〇〇時〇〇分に『**天より降臨致すのである**』と「みことば」があるのです。

通常は、常に私の所には「ご降臨」されておられるのですが、元旦と二月三日の二回は、太陽に集われての「ご降臨」となるのです。昨年は二月三日十一時三十五分であり、今年は十一時十三分でした。来年はまた来年のお告げがありますが、まだ時間は分からないのです。

太陽に集われますので、晴れていれば全国のどこからでも掲載した写真は撮れるはずです。その場に来られた方々は、今度こそ良い写真が撮れますようにと、想いを弾ませその時間を待つのです。

大勢の方が撮られ、その「ご降臨」の様子をカメラに収められたのです。(写真参照)

自分のことは、この本には詳しく書かないつもりでしたがこのことは申さねばならないとのことですので、少しだけ書かせていただきました。

私が生まれた役割が三つほどあるのです。

そのうちの重大な一つが、天の「輩《やから》の御霊」達の払拭《ふっしょく》、すなわち「大掃除」なのです。

そのために、神々様が生まれた瞬間からこの私の命を守ってくださっておられたのです。生まれた直後は、女神様二神と天空神様《てんくうじんさま》が擁護され、この私が一歳八ヵ月の時から今の宇宙大天体大旺様《うちゅうだいてんたいだいおうさま》であられる天空神様が中心となられ、三歳から今日まで、この私の命を守ってくださったのです。

生まれた直後から「輩の集団」から、「御霊」を入れ込まれ、完璧な霊媒体質とされてしまっていたのです。

天空神様の「みたすけ」がなければ、私の命はなかったのです。心臓の動悸と不整脈に悩まされていた二十代の頃、横たわっていた私の胸に天空神様の持たれている「銀の杖」が落とされ、その杖は神棚の下で横たわっていた私の胸の心臓の辺りに、銀色の杖が「トンッ」という衝撃とともに下り、体中に暖かなエネルギーがまるで砂漠に水がしみわたるように体の隅々まで行き渡り、その後から動悸も不整脈もなくなったのです。

何度も何度も不思議な体験をし、私の命が今日まで助けられているのです。

天空神様が時折申されるのですが、

『今まで六十六年間に実に六百十五回もの「みたすけ」を致したのであるからな』

と実に信じられないほどの回数の「みたすけ」を頂いたのです。

四歳の頃はほとんど毎日、神の世界に行き「地底の神様」の所になぜか詣でるのです。この世界のことは、本には書いてはいないのですが。

ある日、地底の神様の所に詣でたところ、ここは下の世界の中の奥の方なのですが、今でも、思った瞬間になぜかその場所に行けるのです。

その移動の際には、そばに友人のような「御霊」をなぜか三名を従えるのですが、その「御霊」達は、地底の神様のおられる川を渡ることを許されないのです。

『お前だけ通るが良い』

と申され、川の橋を渡り、地底の神様の膝元に行くのですが、時には優しく抱いてくれて奥の中に連れていっていただけるのです。

また、地底の入口まで神様がお待ちになられない時には、一人で行くことになるのですが、その時には大きなトンネルの通路の手前で「地底の神様、私です。入っていきますが良いですか」と大きな声で名乗るのですが、許しを得たのちは一人でトンネルの通路を早足で抜けるのです。

なぜか幼い時も、今でも下駄をはいていて、カタカタと音を立てて小走りに地底の神様の所まで走っていくのです。

四歳当時の頃は、何度も行ったのです。ある時、神様が

『お前は人として生まれたのだから、人として生きねばならない。もう来てはならない』

と申され、その後は行かなくなったのですが、神の世界に専属に入ってから時々、地底の神様への訪問をしなければならないある出来事が起きたのです。

今頃になって分かったのですが、この四歳の頃は毎夜「輩《やから》の集団」から襲われ、命を狙われていた時期であったのです。


小学校の六年の時も、十八歳の時も、二十八歳の時も、三十七歳の時も、五十一歳の時も、何度も何度も命を狙われ、その都度、神々様の「みたすけ」を頂き、信じられないほどの不思議な体験をしたのです。

この頃に何度か、神様より
『神の世界は如何致すのであるのか』

との問いかけがあったのですが、その都度断って「人として生まれたのですので、人で生きるのです」と申し上げてきたのです。

ところが、五十九歳になってやらざるを得ない状況となり、今に至るのです。


この私の命を狙っていた「輩の集団」が、人の世の中に関与致し、また、天の様々な重要な場所を犯して、ある場所が立ちいかなくなってしまうほどのことが天で起こり、そのことでこの私はその「輩の集団」を払拭《ふっしょく》するための任務を課せられて生まれたのでした。

この私のことは、当然のことながら神の世界だけでなく、全ての霊界人や「神霊」の方々は承知であり、「輩の集団」も全て承知であったのです。

自分達の命がかかってしまっていたために、私は生まれた直後から攻撃を受けてしまい、そのために神の世界からの擁護の必要があったのです。

神の世界に専属で入った途端に、天では次から次へと「神の修練」のための章が組まれ、毎日、毎日、その章をこなすための日々が続き、「もう、降りる。この世界から降りる。もう、いやです」と泣きながらの三年間でした。

朝に、昼に、夜に、時には三日間全く眠れないこともあり、睡眠時間も四時間という短い日々が続き、なんとか膨大な「神の修練の章」をこなしたのです。

この私が六十三歳になってから、本来の役割である「天の大掃除」が始まり、この私の命を守っていただくために、大勢の神々様が「ご降臨」され、今日に至るのです。

自分のことは、あまり詳しくは書きたくはないのですが、

『**このことを、この事実を綴らねばならないのではないか**』

と申されましたので、少し書かせていただきました。

この「神の修練」で培った技や神々様から頂くエネルギーで昼は、ほんの数名の神霊治療を行い、夜は（「輩《やから》の集団」が動く）向こうの世界のことを神々様とともに「輩の大掃除」を行う日々が未だに続いているのです。

このような私のことは、読者の方々も天に帰った際に全て分かることなのです。

この私の指先から出るエネルギーは、独自の独特のエネルギーがあり、そのエネルギーとともにさらに神々様の「みちから」とエネルギーをも頂きながら霊界の世界に届くことが出来、良からぬ「輩の集団」の「御霊」をも引きずり下ろしたり、地獄の世界に送ったりすることが出来るまでに至ったのです。

遠隔治療を行う際にも、この私の独特のエネルギーと神々様から頂いた技を使い、好結果を出せているのはこのためなのです。

天のあの騒がしかった「輩」達も、だいぶ静かになったとはいえ、まだ少しの残党がいることは見えているのですが、必ず払拭となるのです。

この私が特に、地獄の世界に特別に詳しいのはそのためであり、この七年間の日々の「大掃除」のなかで、地獄の世界が新たに追加された場所が多くあり、何がなんでも天の「大掃除」は完結させねばならないのであり、天の平和と安寧は保たねばならないのです。

この本には書けないことが、多すぎるほど多く、人の世の中に知らせなくても良いことばかりであり、それでもギリギリ許された範囲内で綴っているのです。

おわりに

この出版にあたり、日々霊界側の低い世界に群れを成している「輩《やから》の集団」がおり、その霊達から毎日邪魔が入り、パソコンを動かなくさせられたり、このパソコンのデータを盗まれたり、考えられないほどの邪魔が入っていたのです。

霊界には、念写能力や写真能力など、また、膨大な「御霊」を使った文字を覚えられることでこの私の各文章を丸取りし、その書物を自分の子孫に届けるとうそぶくなど、大変な日々の元に、書き終えたものなのです。

しかしながら、向こう側にとって、誠に残念なことに誰一人として自分の子孫で霊界側のことが分かる霊能力を持つ者がおらず、であるならばある作家の所へ持っていくと、本当かウソか分からないまでも、実名まで上げてくる始末でした。

そのために、出版に至るまでに、実に、四年という月日を費やしてしまい、いきなりパソコンを使うことは避けることが肝要であると神々様からの神言があり、まずは出版のためのノートに三十五冊、そののち、原稿用紙に連ね、さらにパソコンに写し、パソコン入力の際にも邪魔が入り、何度も再起動をかけながら、ある時には画面が真っ白になりデータが消えてしまうことがたび重なり、特にパソコンに異常がある訳ではなく、あらゆる場所にデータを保存をかけ、推敲を重ね、本日に至ったのです。当社の社員もこの度々の事実を目の当たりにして驚いていました。

日々、神霊治療の時だけでなく、日常生活のなかでも、「悪霊」との戦いなのです。

このように、手間のかかることをあえてしなければならないという事実は、この終わりに書くべきかどうかを迷いに迷ったのですが、このような「輩《やから》」化した集団の「霊体」が実在していることをも、分かって良いのではないかと、特別にお許しが出たのです。

人の世の中の、良からぬ想いをそのまま天に帰っても継続してしまい、本来ならば、上に、上にと昇格しながら生き永らえていかねばならない決まりのなかで、全くこのことを無視致し、短い寿命で終えてしまう残念な「御霊」もいるのです。

このような「御霊」は、地上のすぐ近くに暮らすために、まるで、人間界で生活しているような想いでおり、良からぬことをたくらみ、神の「みおしえ」や、神の意向を全く無視するために、時折制裁が加えられているのです。

人の人生を終えた後は、「御霊」の生き方をしなければならないのです。

霊界・天体には、お金は全く必要なく財も要らないのです。思う想いの深さが、人の世の「財」にあたり、思う想いの清らかさが、長寿に値するのです。

途轍もなく遠回りをしながら出版までに漕ぎつけることが出来たのです。

また、所々に私の実体験を入れておくことが良いであろうと申されたために、体験も含め写真をも挿入したのです。

次回の出版は、最初からパソコンを使用したら良いとのお許しを頂いているのです。

神霊界へ移行した「御霊の神霊」の場合は無差別に、人の世の中に関与するということはないのであり、神霊界では、罰則が与えられるのです。


この本の内容は、私の所へと、「ご降臨」される神々様のお許しの文章であり、上の神の世界での厳しいチェックの元に許された内容であるのです。

所々に神々様の「みことば」を入れましたが、人の世の中に出版するのであればお前の言葉で分かりやすく表現はしても良いと申され、素人文章ですが書き上げました。

どうか、限られた寿命を精一杯生き、苦難があってもそれが「魂」の糧と思えることであったなら、そのように想いを変えることが出来たのであれば、何よりも嬉しいのです。

この私も、私の使命を貫きつつ日々の神霊治療と「魂の精進」のために頑張っていきたいと思うのです。

最後に、この本の出版をお許しいただき、日々「ご降臨」される神々様に感謝申しあげさせていただきます。

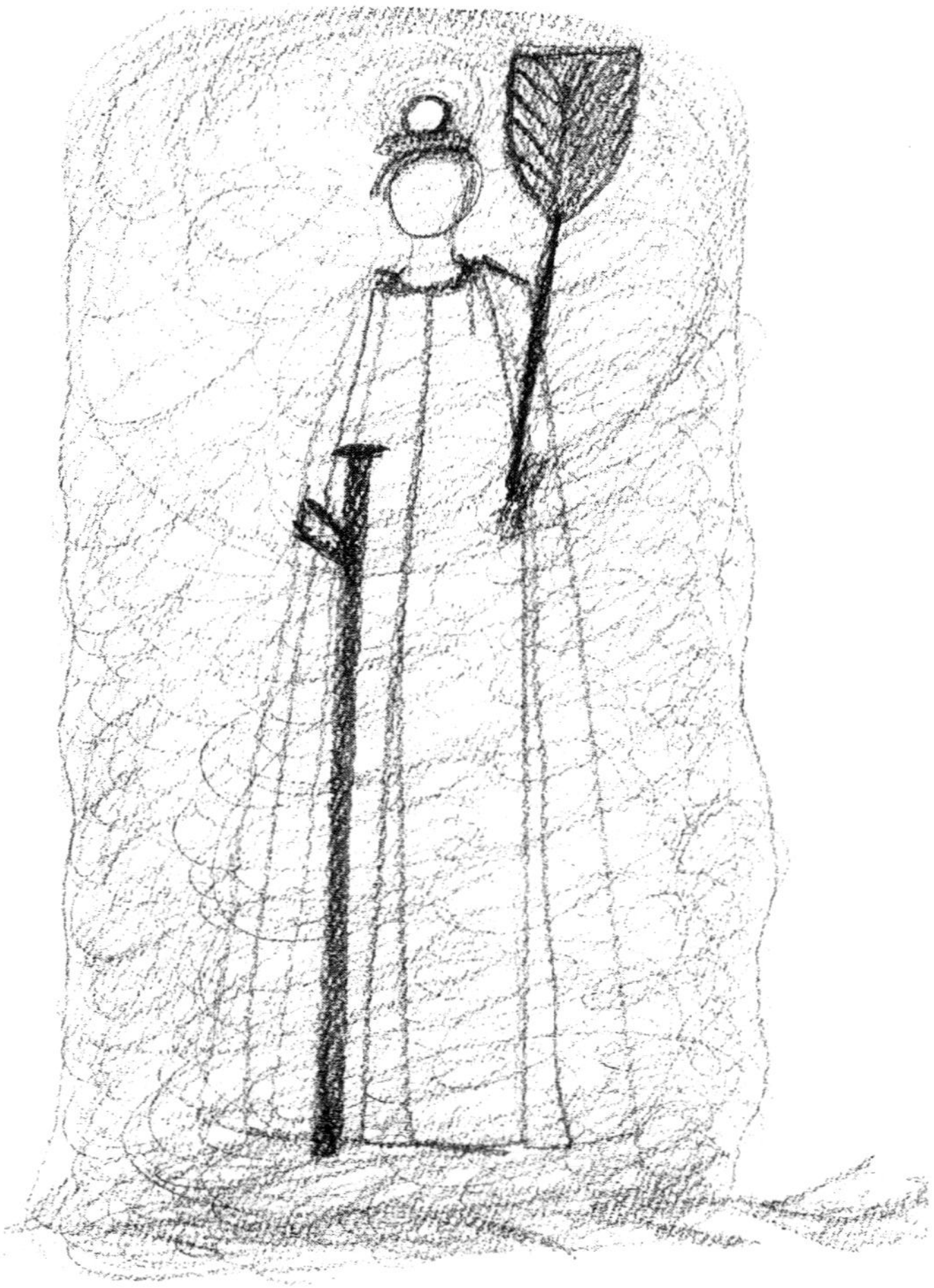

宇宙大旺様

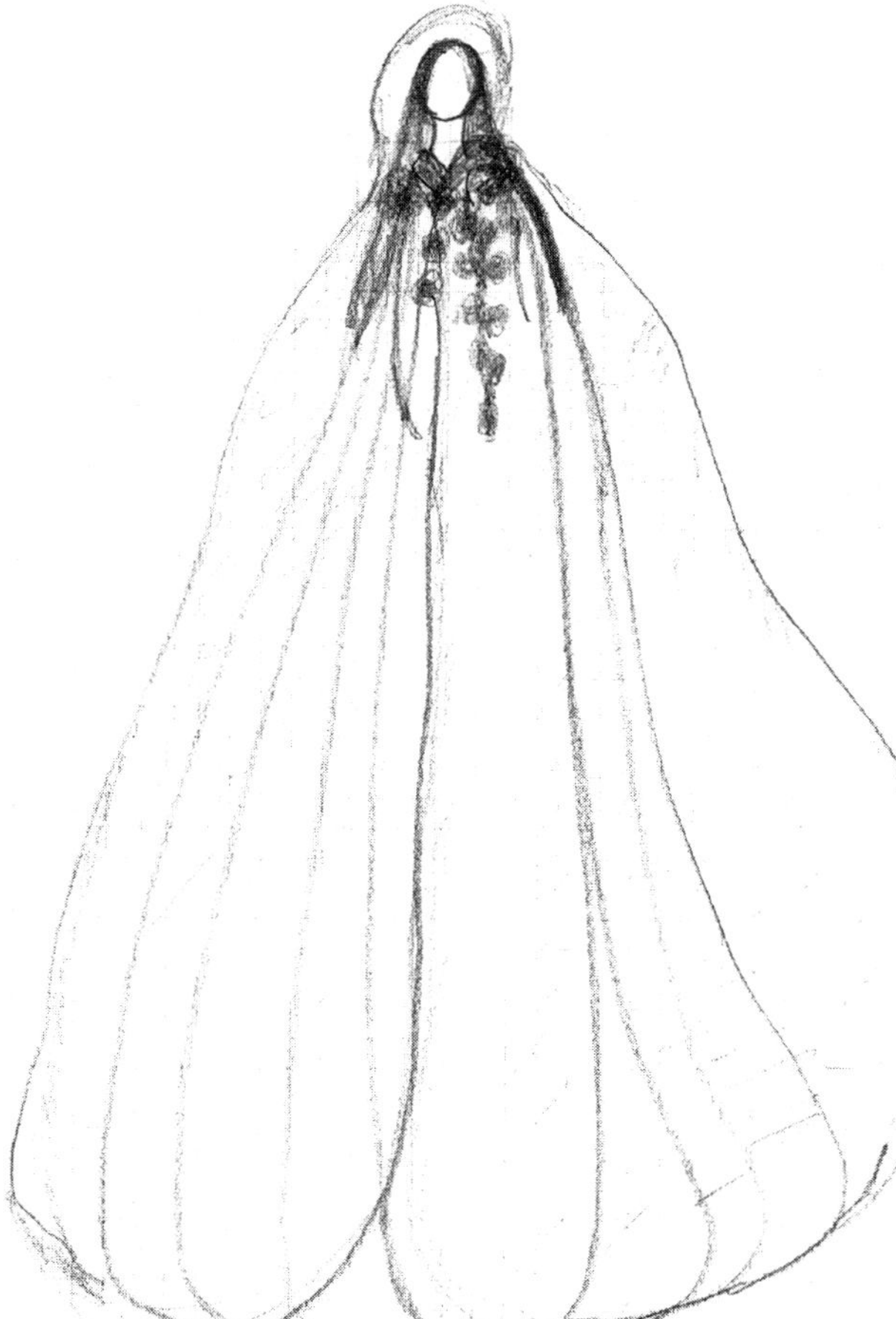

大山の旺之神様

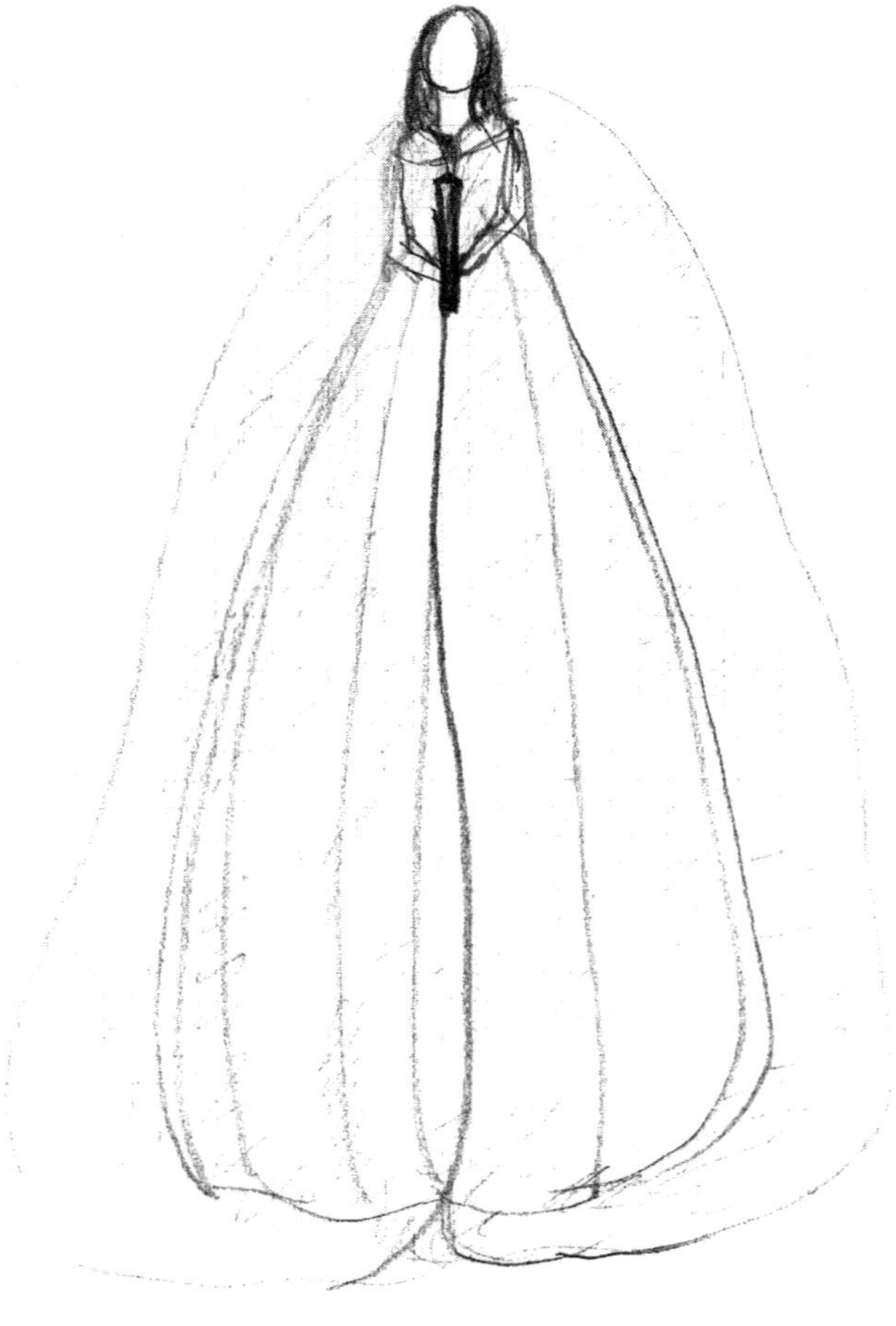

佛祖神様

長の神様

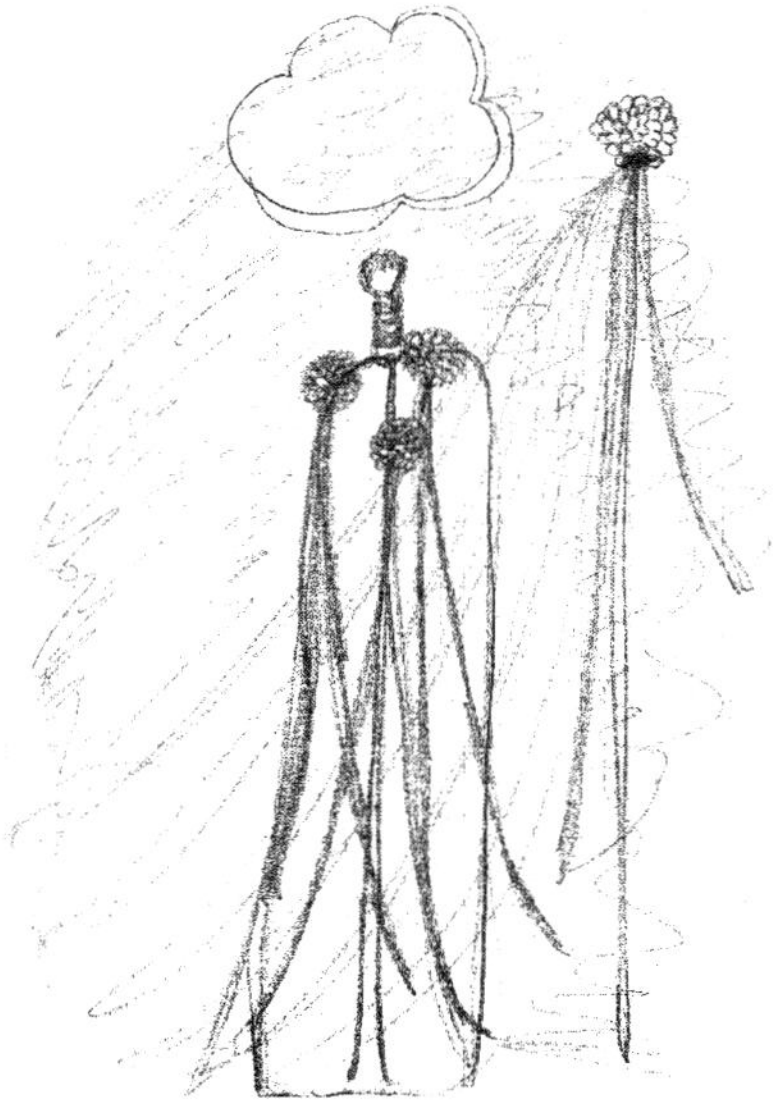

大明神様（最高位）

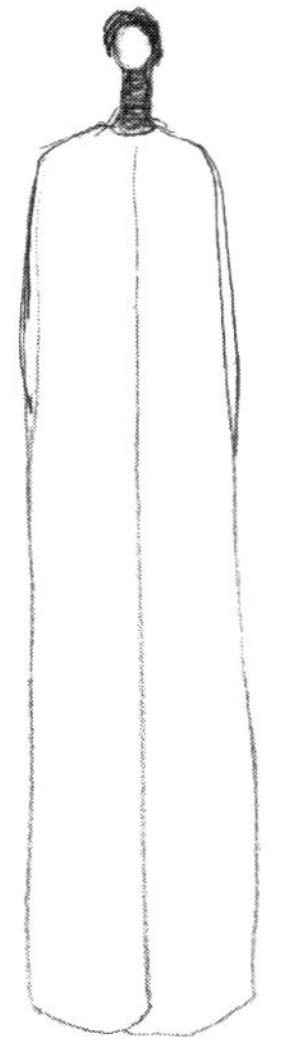

男神霊

神界 9

神霊界 3

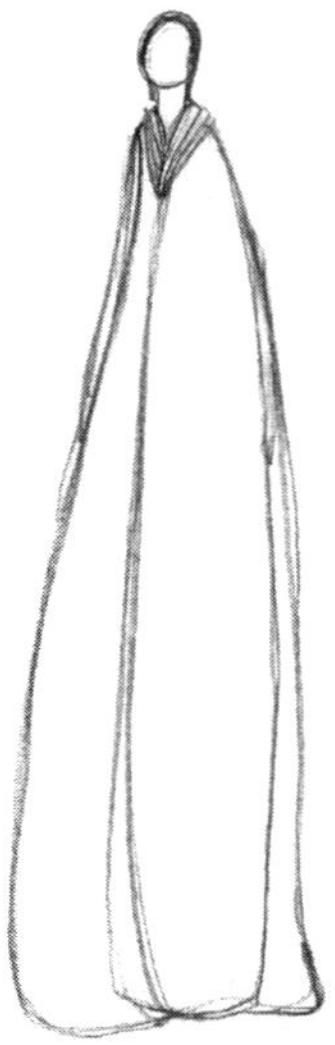

神霊界 4

神霊界 5

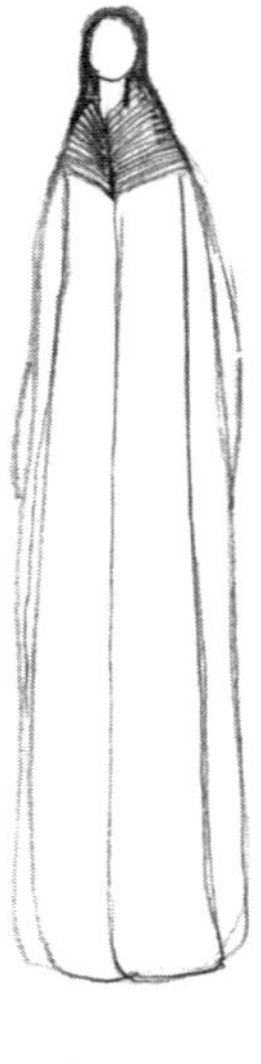

神霊界 8

神霊界1～2

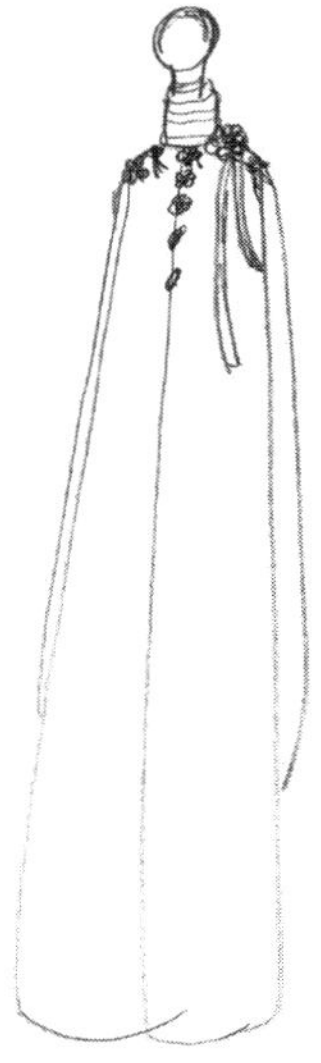

偽長の神

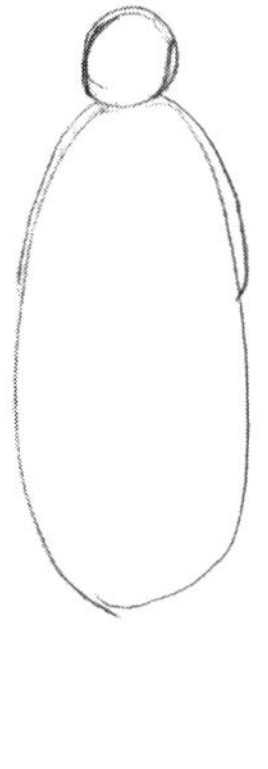

素の霊体

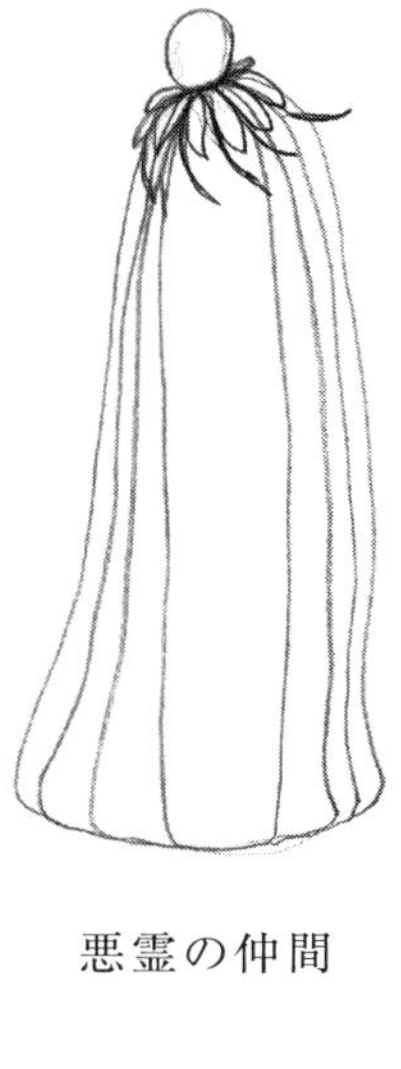

悪霊の仲間

神様の階層と御霊の色

旺妃様
【あさぎ色・濃紫色】

宇宙神様
【緑色】

寅の神様（正天の神）
【黄金】

↓

宇宙大旺様（はちすの大旺様）【橙色】

↙ ↘

有田の龍神様【黄金色】

すさのをの命様【なす紺色】

↓

宇宙大天体大旺様（天空神様）【橙色】

↙ ↘

大山の旺之神様
【濃紫色・紫色】

佛祖神様
【青色・輝く紫色】

↓

天の大神様（13神）【薄橙色】

神界10　もろもろの神々様（やをよろずの神）【白銀色】

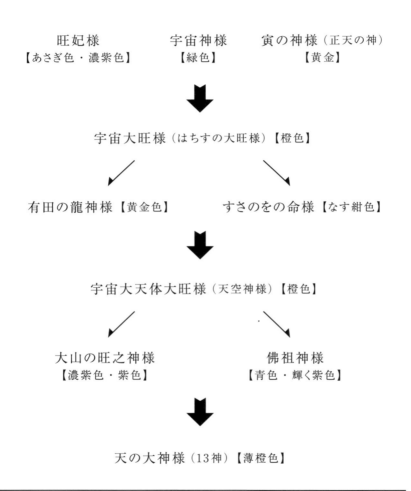

階級	寿命	昇格年数	御霊の色	心臓の数
神界10	永遠の命		白銀色	30
神界9 上 中 下	200,000年	30,000年 20,000年 10,000年	輝きを増す白	27
神界8 上 中 下	38,000年	9,000年 7,000年 7,000年	光り輝く白	24
神界7 上 中 下	30,000年	3,000年 2,000年 2,000年	輝く白	21
神界6 上 下	10,000年	2,000年 2,000年	時々輝きのある白	17
神界5	8,300年	1,000年	白	14
神界4	7,000年	1,000年	白	11
神界3	5,000年	700年	明るい白	10
神界2	4,900年	300年	白っぽい	8
神界1	4,800年	300年	白っぽい	8
霊界5	4,000年～8,000年		明るいグレー	
霊界4	3,000年		グレー	8～30
霊界3	2,800年		濃い目のグレー	7
霊界2	1,800年		薄い無色	7
霊界1	1,800年		薄い無色	
地獄上 上 中 下			墨色	
地獄中 上 中 下			黒	
地獄下	地獄の中底		真黒	

↓ 大底へ　　　↓ 大底へ

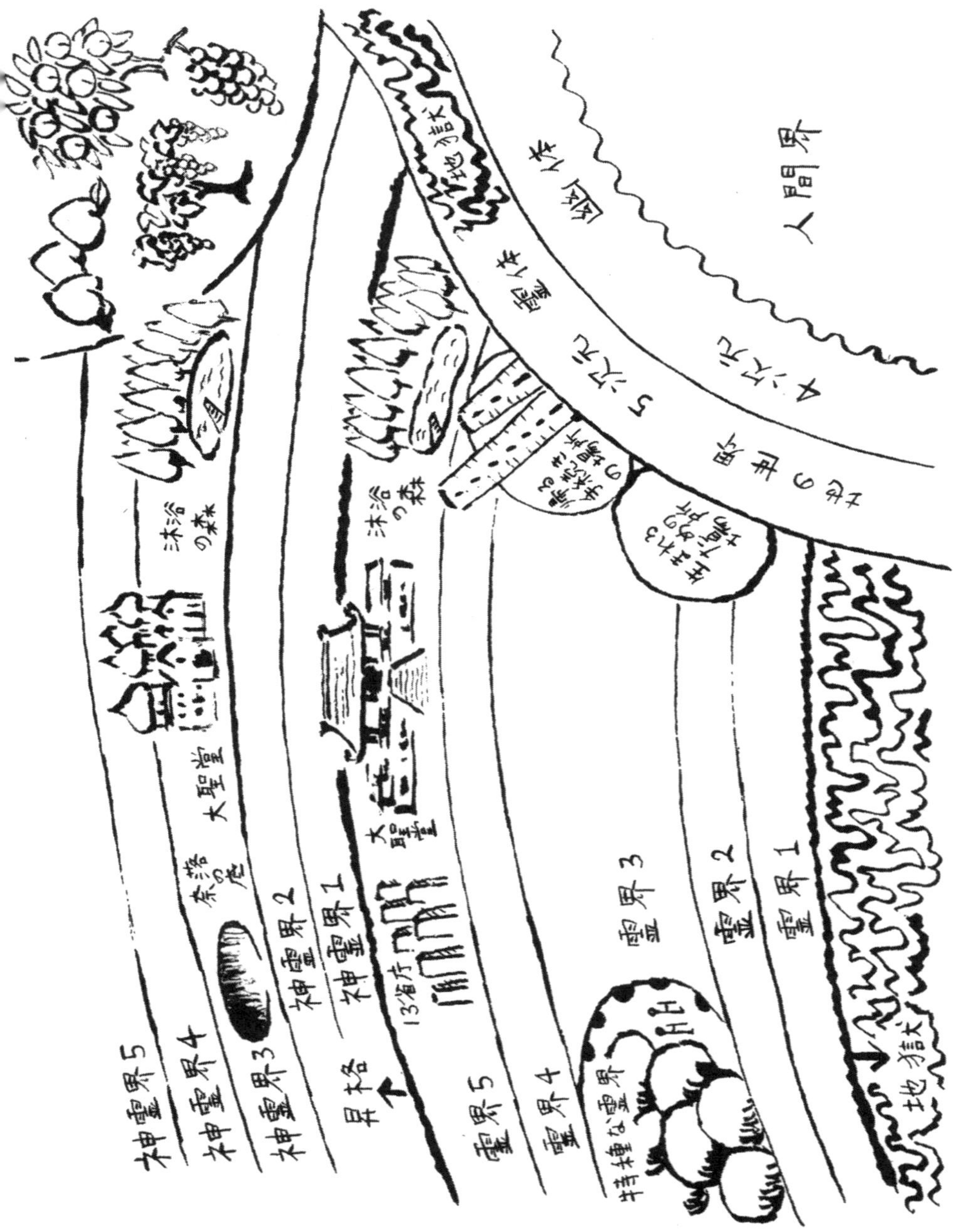

神霊界5
神霊界4
神霊界3
奈落の底
大聖堂
沐浴の森
神霊界2
神霊界1
昇格
13省庁
大聖堂
沐浴の森
霊界5
霊界4
特種な霊界
霊界3
霊界2
霊界1
地獄
帰る手続きの場所
生まれるための場所
地獄
霊体
5次元
地の世界
幽体
4次元
人間界

霊界・神霊界の全体図

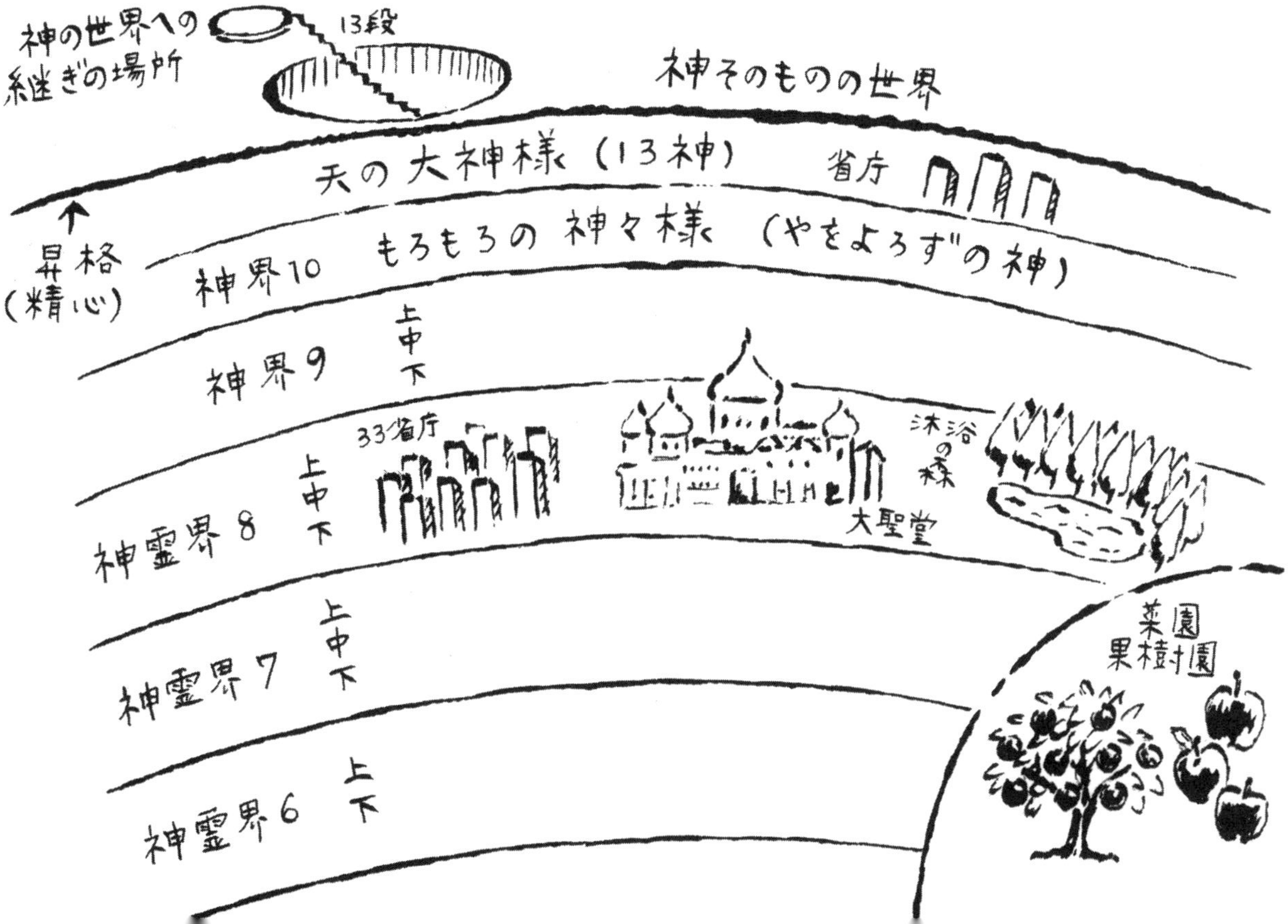

神の世界への
継ぎの場所
13段
神そのものの世界
天の大神様（13神）
省庁
↑
昇格
（精心）
神界10
もろもろの 神々様 （やをよろずの神）
神界9
上
中
下
33省庁
沐浴の森
大聖堂
神霊界8
上
中
下
神霊界7
上
中
下
菜園
果樹園
神霊界6
上
下

小林芳枝（こばやし よしえ）

群馬県生まれ。

会社経営の一方で、2011 年頃から神々様との対話が深まり、自らの立場・運命を受け入れるなかで、祓い・神霊治療を多くの人達から頼まれるようになった。2017 年、4年をかけて執筆した初の著作『神々様のみことばのなかで』を上梓。

電話　0277-40-4119　mail : yotti@florule.com

神々様《かみがみさま》のみことばのなかで

霊界《れいかい》の真相《しんそう》と魂《たましい》の行方《ゆくえ》

2017 年 8 月 15 日　初版発行

著者　小林芳枝《こばやしよしえ》

発行者　磐﨑文彰

発行所　株式会社かざひの文庫
〒110-0002 東京都台東区上野桜木 2-16-21
電話 / FAX 03(6322)3231
e-mail : company@kazahinobunko.com
http://www.kazahinobunko.com

発売元　太陽出版
〒113-0033 東京都文京区本郷 4-1-14
電話 03(3814)0471　FAX 03(3814)2366
e-mail : info@taiyoshuppan.net
http://www.taiyoshuppan.net

印刷・製本　シナノパブリッシングプレス

装　丁　General in Tokyo

イラスト　小林芳枝（神様）、橘春香（霊界・神霊界の全体図）

D T P　宮島和幸（ケイエム・ファクトリー）

ISBN978-4-88469-911-6